Jochen Schmidt

Rituale für den Schulalltag – das Komplettpaket

1.–4. Klasse

Praktische Ideen, Anleitungen und Materialien

Persen
Persen Verlag

Der Autor:

Jochen Schmidt unterrichtet am Englischen Seminar der Westfälischen Wilhelms-Universität Münster. Seine Schwerpunkte liegen in den Bereichen Literatur- und Filmdidaktik, praktische Lehrerausbildung sowie Früher Fremdsprachenerwerb und Mediendidaktik für Englisch in der Grundschule. Im Rahmen der Praktikumsbetreuung von Lehramtsstudierenden erprobt und evaluiert er neu entwickelte Unterrichtsmaterialien und Ansätze.

Gedruckt auf umweltbewusst gefertigtem, chlorfrei gebleichtem und alterungsbeständigem Papier.

1. Auflage 2013

Grafik: Julia Flasche u. a. (siehe Text- und Bildquellenverzeichnis)
Satz: MouseDesign Medien AG, Zeven

ISBN 978-3-403-**23271**-1

www.persen.de

Inhaltsverzeichnis

Einleitung

Formular zur Auswertung **(PDF und Word)**
Deckblatt: Klassen-Chronik **(PDF und Word)**
Meine Schulklasse **(PDF und Word)**

Kapitel 1: Ritualisierte Handlungsmuster durch Visualisierung

Aktionskarten (groß) **(PDF)**
Materialkarten **(PDF)**
Sozialformen **(PDF)**
Aktionsformen **(PDF)**
Unterrichtsphasen **(PDF)**
Zeitkarten **(PDF und Word)**
Uhr – Bastelvorlage **(PDF)**
Das Wetterbarometer – Bastelvorlage **(PDF)**

Kapitel 3: Ritualisierung durch Sozial-, Aktions- und Umgangsformen

Partnerkarten **(PDF)**
Gruppenarbeitskarten **(PDF)**

Kapitel 4: Begrüßungen – Vorschläge für verschiedene Rituale

Aufforderung zur Stille – Tischkarte (zum Falten) **(PDF)**
Kurze Freuden-Botschaften **(PDF und Word)**
Stimmungsbarometer (Mädchen und Jungen) **(PDF)**
Erlebnisse eines Mitschülers schildern **(PDF und Word)**
Motto der Woche: Motto Variante A – Plakat für die Pinnwand **(PDF)**
Motto der Woche: Motto Variante B – Tischkarte (zum Falten) **(PDF)**
Motto der Woche: Motto Variante C – Tischkarte (zum Falten) **(PDF)**
Ankündigungen – Aufmerksamkeitsgebote (Schilder) **(PDF)**
Ankündigungen – Wichtige Nachrichten! **(PDF)**
Die Wochenübersicht (groß) **(Word)**

Kapitel 6: Kommunikationsrituale – Gemeinschaft bilden und erfahren

Klassenbriefpapier **(PDF und Word)**
Notizzettel für die Erinnerungsbox **(PDF und Word)**
Ferienpostkarte (zum selber Basteln) **(PDF)**
12 Monatsbilder (groß) **(PDF)**
Zettel für die Feedbackbox **(PDF und Word)**
Die Wunschwolke **(PDF)**
Wahl- und Abstimmungszettel **(PDF)**
Infoblatt: Das gemeinsame Klassenfrühstück **(PDF und Word)**

Kapitel 8: Verabschiedungen und Rückmeldungen

„Endlich Wochenende!“ – Kalenderblatt (groß) **(Word)**
Bilderrahmen – Verarbeitung der vergangenen Woche **(PDF)**
Wochenend-Elfchen **(PDF)**
Das Wochenbarometer – Bastelvorlage **(PDF)**

Kapitel 9: Ritualisierung durch Regeln und Lob

Klassenregeln **(Word)**
Klassenregeln (Schaukarten) **(PDF)**
Punkteliste – Klassenkönigin & Klassenkönig **(Word)**
Urkunde (Blanko)**(Word)**
„WOW!“-Karte von der Klassengemeinschaft **(Word)**
„Ihr seid SPITZE!“ & „Danke für eure tolle Mitarbeit!“ **(PDF)**

Rituale sind feste Handlungsmuster. Durch Wiederholung werden aus ihnen vertraute Strukturen. Dadurch erschaffen sie ein Gefühl der Verlässlichkeit und Sicherheit. Im Klassenzimmer finden Rituale häufig innerhalb der Klassengemeinschaft statt. Ein durch sie geformtes Miteinander verschafft eine Vertrautheit des gemeinsamen Erlebens. Rituale bieten im gesamten Schulalltag Strukturierungshilfen und geben so Orientierung. Denn mittels bereits vertrauter Strukturen lassen sich neue Erfahrungen, neues Wissen und neue Erkenntnisse leichter er- und verarbeiten sowie Lern- und Entwicklungsprozesse einfacher in Gang setzen, unterstützen und begleiten.
Dieses Verständnis von Ritualen geht von einem positiv besetzten Ritualbegriff aus, der eine bestimmte Form von Struktur und Kontinuität schafft, gleichzeitig aber so flexibel, abwechslungsreich und spontan reagieren kann, dass er nicht statisch wird. So verstanden, helfen Rituale uns als Lehrpersonen dabei, das Unterrichtsgeschehen zu planen und zu ordnen. Sie gewährleisten ein wichtiges Maß an Beständigkeit und legen damit die Grundlage für ein gemeinschaftliches, erfolgreiches und produktives Zusammenarbeiten und -leben in der Klassengemeinschaft.
In diesem Buch finden Sie eine praxiserprobte Auswahl an möglichen Ritualen, die Sie als regelmäßige und feste Bestandteile in Ihren Unterricht integrieren können. Dazu gehören:

- ritualisierte Handlungsmuster,
- vielfältige Begrüßungs- und Verabschiedungsrituale, z. B. musikalischer, mimischer, spielerischer oder stiller Art,
- spielerische, regelmäßig wiederkehrende Fragen und Impulse, unterschiedliche Gesprächs- und Reflexionsanlässe, wie z. B. das Wochenbarometer, die Zeitmaschine oder das „endlich Wochenende Kalenderblatt“,
- Schreibanlässe, wie z. B. die Arbeit mit der Erinnerungsbox oder der „persönlichen Top 5 Liste“,
- die Einbettung von konkreten Entspannungsphasen mittels kurzer Entspannungsimpulse oder auch einer umfassenderen Gedankenreise.

Ebenso im Buch enthalten sind Empfehlungen für die Etablierung bestimmter, fester Rituale im Klassenverband, z. B. einer konkreten Lesezeit oder einer Reimzeit sowie eine Vielzahl an Kommunikations- und Handlungsverstärkern sowohl für die Lehrperson als auch für die Schülerinnen und Schüler[1].
Alle Vorschläge sind mit konkreten Hinweisen für die Einbindung bestimmter Sozial- und Aktionsformen ausgearbeitet, was eine Einbettung in den eigenen Unterricht erleichtert.

Die Auswahl soll Ihnen dabei helfen, Ihren Unterricht im Rahmen seiner gegebenen Strukturiertheit flexibel und ideenreich zu gestalten. Die konkreten Vorschläge für Aktivitäten sind so angelegt, dass Sie diese jederzeit an Ihre individuellen Bedürfnisse im Unterricht anpassen können.

Empfehlenswert ist der regelmäßige Einsatz der ausgewählten Rituale, Handlungsmuster und Aktivitäten, damit die Schüler möglichst schnell mit ihnen vertraut werden, um sich dann stärker auf den jeweiligen Inhalt konzentrieren zu können.

Die meisten Vorschläge können fächerübergreifend im Unterricht eingesetzt werden.

1 Wir sprechen hier wegen der besseren Lesbarkeit von Schülern in der verallgemeinernden Form. Selbstverständlich sind auch alle Schülerinnen ausdrücklich gemeint. Dies gilt ebenfalls für Bezeichnungen wie Klassensprecher, Schriftführer etc.

Da jede Lernergruppe stark heterogen ist und sich immer von anderen Lerngruppen unterscheidet, kann es sehr nützlich sein, über die eingesetzten Rituale und Aktivitäten „Buch zu führen“. Dies kann Ihnen dabei helfen, die gewählte Form des Unterrichts entsprechend den Bedürfnissen und Neigungen Ihrer Klasse anzupassen, um den Lernprozess möglichst optimal zu begleiten. Insbesondere im Vertretungsunterricht oder beim Klassenwechsel kann diese Dokumentation für die neue Lehrperson sehr nützlich sein, da sie so auf den ersten Blick erkennt, mit welchen Aktivitäten und Ritualen in der Klasse gearbeitet wurde und worauf zurückgegriffen werden kann. Das Formular zur Auswertung (siehe Seite 9) kann Ihnen dabei helfen, diese Evaluation unkompliziert und in äußerst kurzer Zeit durchzuführen.
Auf der beiliegenden Begleit-CD finden Sie nicht nur die im Buch abgedruckten Kopiervorlagen, sondern zahlreiche weitere Materialien – sowohl als PDF wie auch als veränderbare Word-Dokumente.

TIPP

Klassenchronik oder schülerseitiges Klassenbuch

Mit einer **Klassenchronik** – einer Sammlung von Schülerarbeiten, Fotos etc. – steht Ihnen ein Erinnerungswerkzeug zur Verfügung, das aus den vielen einzelnen Ritualen, die hier in diesem Buch zusammengetragen sind, ein wunderbares, individuelles Geschenk für die Schüler Ihrer Klasse kreiert. In der Klassenchronik sammeln Sie kontinuierlich (evtl. auch gemeinsam mit den Schülern) ausgewählte Arbeiten und Fotos zu Erfahrungen, Erlebnissen, Aktivitäten, Eindrücken und Gedanken, die in vier Jahren Schulzeit zusammen gekommen sind.

Auf der Begleit-CD finden Sie ein Deckblatt der Klassenchronik als Kopiervorlage, das Sie personalisieren können. Archiviert, geordnet und mit einem persönlichen Vorwort von Ihnen versehen, entsteht ein Buch von ca. 20-40 Seiten, das schließlich vervielfältigt wird. Zur Finanzierung des Projekts können Aktionen wie Kuchen- und Waffelverkäufe oder auch Sponsoren beitragen. Am Ende der Schulzeit erhält dann jedes Kind eine Ausgabe der Klassenchronik, in die es auch Jahre später noch einen Blick werfen und sich an seine Grundschulzeit erinnern kann.

Auch ein schülerseitiges Klassenbuch bietet die Möglichkeit, die gelungensten oder lustigsten Produkte, die innerhalb eines Schuljahres entstehen, zu sammeln. Dies können z. B. sein: Textdokumente wie Briefe und Postkarten (z. B. an die Klasse, die Lehrperson oder das Klassenmaskottchen), Berichte von einem Tagesausflug oder einer Klassenfahrt, Klassenfesten, dem Schul- und dem Sportfest oder weiteren Aktivitäten im Klassenverband inklusive passender Fotos. Auch die Erinnerungsseite „Meine Schulklasse“ (Begleit-CD) darf in diesem Projekt natürlich nicht fehlen.

All diese Beiträge können später als Erinnerung für alle Schüler in Form eines kleinen Heftchens gebündelt werden. Der zuständige Schriftführer kümmert sich darum, dass alle Schüler im Lauf des Schuljahres diese Seite ausfüllen.

Formular zur Auswertung

Klassenlehrer/in: ______________________________

Klasse: ________________ Schuljahr: ______________

Eröffnung	• ______			
	• ______			
	• ______			
Aktivitäten	• ______			
	• ______			
	• ______			
	• ______			
	• ______			
Spiele	• ______			
	• ______			
	• ______			
	• ______			
Lieder	• ______			
	• ______			
	• ______			
	• ______			
	• ______			
Stunden-ausklang	• ______			
	• ______			
	•			

1. Ritualisierte Handlungsmuster durch Visualisierung

Dieses Kapitel stellt eine große Bandbreite von visuellen Hilfsmitteln und Unterstützungsformen für Ihren Unterricht vor. Das Angebot reicht von adressatengerecht konzipierten Aktions- und Materialkarten, über Schaukarten für die verschiedensten Sozial- und Aktionsformen, z. B. Einzel-, Partner- oder Gruppenarbeit bzw. Präsentation oder Diskussion im Plenum, bis hin zu Feedback-Mechanismen wie dem Stimmungs- oder Lautstärkebarometer. Diese Materialien helfen Ihnen dabei, die Kommunikation zwischen Ihnen und Ihren Schülern je nach den Bedürfnissen der Lerngruppe individuell zu verstärken und so einen optimalen Kommunikationsweg herzustellen.

Arbeit mit Bild- und Schaukarten

1.1 Arbeit mit Bild- und Schaukarten

Die Aktionskarten unterstützen die Lehrperson bei der Äußerung bestimmter Arbeitsanweisungen, sind aber primär für die schülerseitige Verwendung konzipiert, da sich die Schüler mit Hilfe dieser Karten bestimmte Arbeitsaufträge vergegenwärtigen können. Auch die Materialkarten für die Arbeitsmittel dienen eher als Erinnerungshilfe für die Schüler. Denn bei einem Arbeitsauftrag geben diese Karten genau vor, mit welchen Hilfsmitteln und Materialien gearbeitet werden darf.

Die Schaukarten für die Sozial- und Aktionsformen sowie die Unterrichtsphasen sind ausschließlich für den lehrerseitigen Einsatz als visuelles Unterstützungselement verbaler Anweisungen und Instruktionen gedacht.

Handhabung und Einsatzmöglichkeiten der diversen Karten werden im Folgenden detailliert beschrieben.

Aktionskarten

A) Aktionskarten

Die Aktionskarten für konkrete Arbeitsanweisungen wie lesen, ankreuzen, unterstreichen oder sprechen und zuhören eignen sich insbesondere für die Schuleingangsphase. Für Schüler ist es zu Beginn sehr hilfreich, wenn Sie jedes Mal, wenn Sie für eine Übung oder Aktivität eine Anweisung formulieren, dabei die entsprechende Aktionskarte oder eine Kombination mehrerer Karten für alle Kinder gut sichtbar hochhalten.

Wahlweise können Sie die jeweiligen Aktionskarten auch im Klassenzimmer an einer Pinnwand befestigen oder an die Tafel heften. Dann sollten Sie ebenfalls bei der entsprechenden Anweisung darauf zeigen oder Ihre Hand auf die betreffende Karte legen, denn nur so bleibt die visuelle Unterstützung gewahrt. Wichtig ist, dass dies für alle Kinder gut erkennbar und nachvollziehbar geschieht.

Die Aktionskarten liegen in zweifacher Ausführung vor. Die großformatigen Karten sind für die Lehrperson bestimmt (Begleit-CD); die kleinen Karten für die Schüler. Für den Einsatz im Unterricht sollten die kleinen Aktionskarten in der erforderlichen Anzahl kopiert, ausgeschnitten und laminiert werden. Dies können Sie gemeinsam mit Ihren Schülern erledigen. Dabei können Sie auch gleich die Bedeutung der Aktionskarten näher erläutern.

Tischkartenständer

Die kleineren Karten können eine zusätzliche Funktion übernehmen: Die entsprechenden Aktionskarten können vor dem Beginn einer Arbeitsphase von den Schülern aus ihrem Fundus herausgesucht und vor sich auf den Tisch gelegt oder in die passenden Kartenständer geklemmt werden.

Bei komplexeren Arbeitsaufträgen können die Aktionskarten miteinander kombiniert werden (z. B. *zuhören + abhaken*). Hilfreich kann auch der Einsatz jener Aktionskarten sein, die bestimmte Verhaltensregeln, wie z. B. „Nicht reden", „Keine Fragen stellen" oder „Nicht schreiben" vorgeben (siehe Seite 14). So lassen sich bestimmte Arbeitsbedingungen konkret steuern.

Mit dem Nennen, Heraussuchen und abschließenden Aufstellen der Aktionskarten auf dem Tisch können Sie auch einen festen Arbeitsimpuls etablieren, mit dem Ihre Klasse gemeinsam eine bestimmte Arbeitsphase beginnt. Im Laufe der Zeit lassen sich auf diese Weise auch konkrete Verhaltensregeln (Stillarbeit, Gespräche mit dem Tischnachbarn, Arbeit in der Kleingruppe usw.) etablieren. Diese Regeln werden die Schüler dann später automatisch mit einem bestimmten Aufgabentyp verbinden. Dies erleichtert langfristig die Organisation von verschiedenen Unterrichtsformen und kann dabei helfen, den Unterricht transparent, übersichtlich und für die Schüler gut nachvollziehbar durchzuführen.

B) Materialkarten

Materialkarten

Ebenso wichtig sind gerade in der Schuleingangsphase die Materialkarten (siehe Seite 15f). Diese können Sie und auch Ihre Klasse bei konkreten Arbeitsanweisungen, bei denen bestimmte Materialien verwendet werden sollen, unterstützen. Je nach Arbeitsauftrag suchen die Schüler die Materialkarten der Utensilien, die sie zur Bearbeitung benötigen, aus ihrem Fundus heraus und legen sie vor sich auf den Tisch oder, in den Tischkartenständer. So wissen sie jederzeit, auf welche Materialien sie bei einer Arbeit zurückgreifen dürfen.

Dieser recht formale Einstieg in eine Arbeitsphase hilft den Schülern auch in der Organisation des Arbeitsprozesses. Denn nach der Reflexion der notwendigen Materialien können die Kinder diese selbstständig hervorholen und eigenständig mit der Arbeit beginnen.

abhaken

unterstreichen

zuhören

sprechen

ankreuzen

lesen

zeigen

einkreisen

ausschneiden

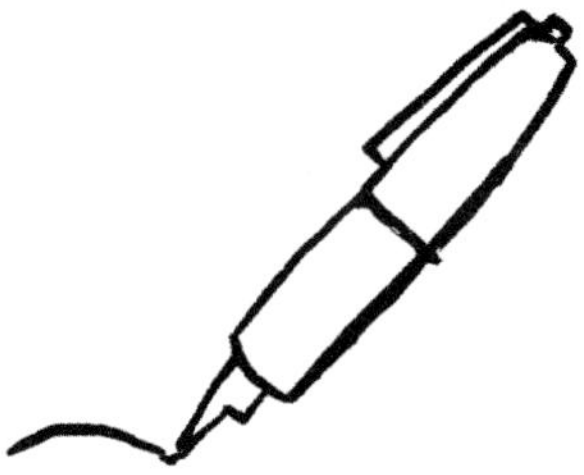

schreiben

singen

berühren

anschauen

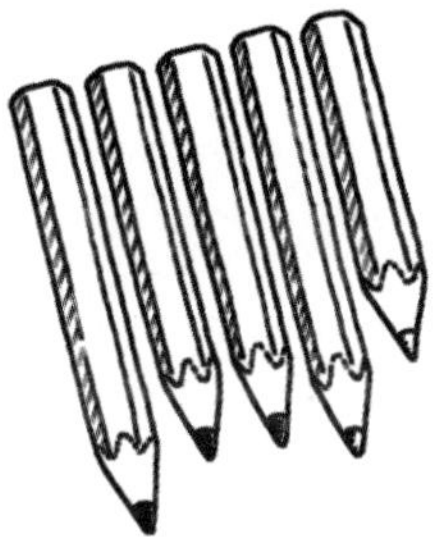

ausmalen

malen

abschreiben

kleben

und

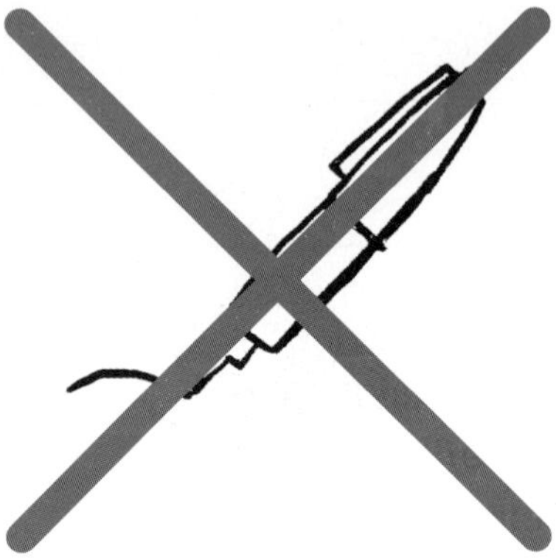

Nicht schreiben!

Nicht lesen!

Keine Fragen stellen!

Nicht abschreiben

Nicht abgucken!

Nicht reden!

Nicht berühren!

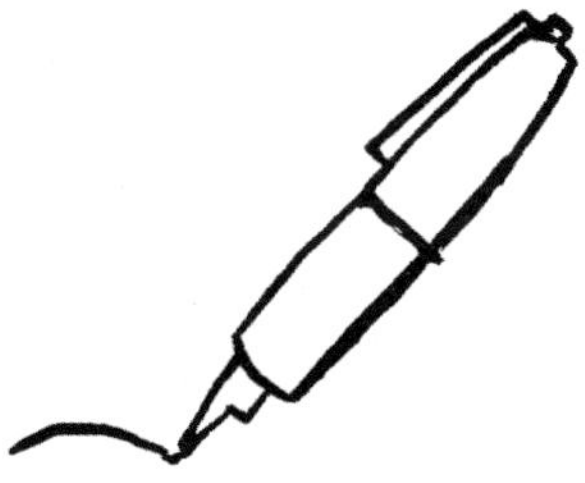

Füller

Filzstift

Schere

Pinsel

Kugelschreiber

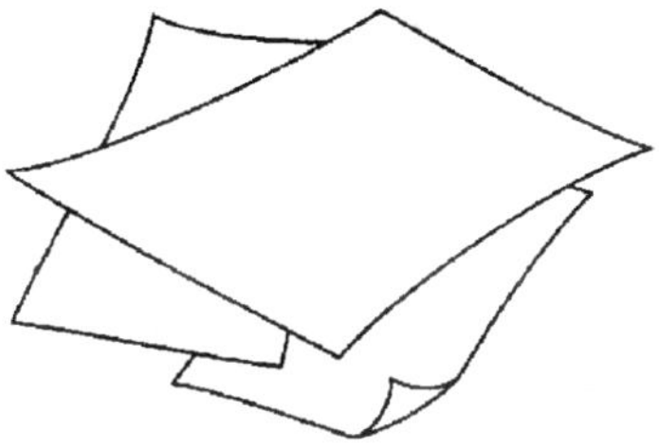

Papier

Bleistift

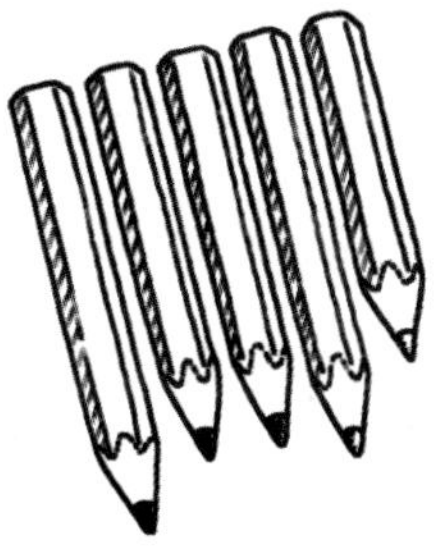

Buntstifte

Klebstoff

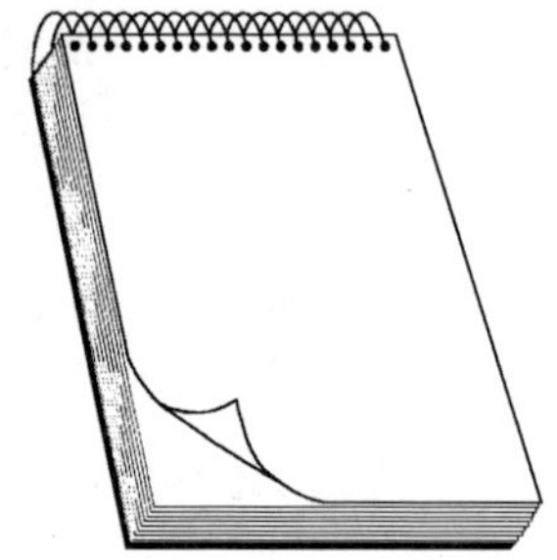 Zeichenblock	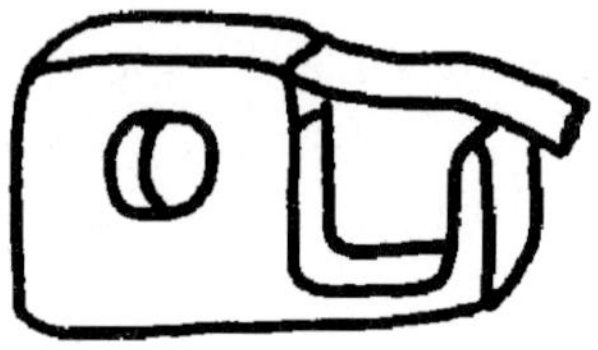 Klebeband	 Locher
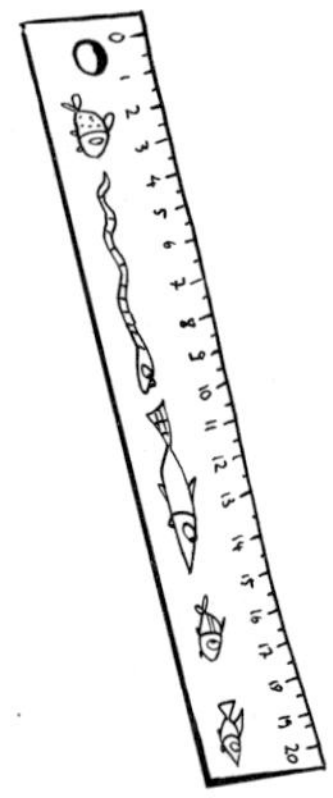 Lineal	 Pappe	 Radiergummi
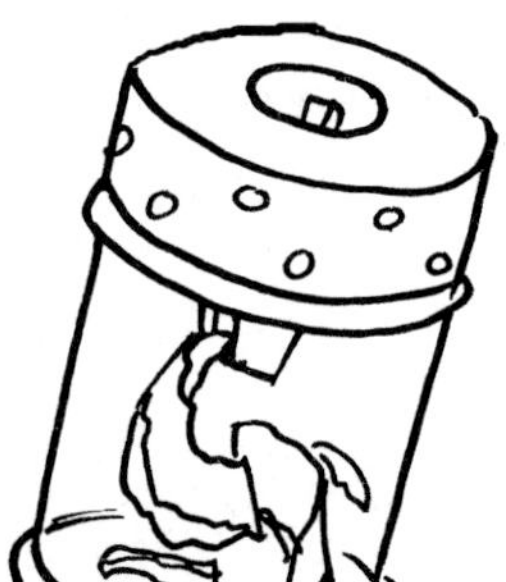 Anspitzer	 Prickelnadel	 Unterlage

C) Sozialformen und deren Unterstützung durch Schaukarten (Seite 18–21)

Schaukarten zur Unterstützung von Unterrichts- und Sozialformen

Die Schaukarten für die verschiedenen Sozialformen, wie „Partnerarbeit“, „Arbeit mit dem Tischnachbarn“ oder „Arbeit in Kleingruppen“, werden ausschließlich von der Lehrperson verwendet. Eingesetzt werden diese Karten von Ihnen genauso wie die Aktionskarten. Begleitet durch die entsprechenden Arbeitsanweisungen verdeutlichen die Schaukarten den Schülern, in welcher Sozialform eine bestimmte Aufgabe gelöst werden soll: alleine, zu zweit oder in einer Klein- oder Großgruppe. Darüber hinaus kann die Aufforderung in einer bestimmten Sozialform zu arbeiten auch mit konkreten Aktivitäten verbunden werden, die zum Bilden der jeweiligen Arbeitsgruppe führt (siehe „*Partnersuche*“, „*Bilden einer Kleingruppe*“, Seite 19). Als zusätzliche Unterstützung empfiehlt es sich, diese Karten während des Unterrichts oder während bestimmter Arbeitsphasen gut sichtbar im Klassenraum aufzuhängen, z. B. an der Tafel oder der Pinnwand.

D) Aktionsformen und deren Unterstützung durch Schaukarten (Seite 22–25)

Aktionsformen unterstützt durch Schaukarten

Bei den zahlreichen unterschiedlichen Aktionsformen, die wir als Lehrpersonen im Unterricht einsetzen, ist es auch hier sehr sinnvoll den Schülern insbesondere in der Anfangsphase visuelle Unterstützungs- oder Erinnerungsmechanismen an die Hand zu geben, mittels derer bestimmte Anweisungen veranschaulicht werden. Dafür eignet sich ebenfalls der Einsatz von Schaukarten. Verwenden und einsetzen können Sie diese Karten ähnlich wie die Karten für die Sozialformen. Das Hochhalten der jeweiligen Karte oder das Zeigen auf die Karte, wenn diese im Klassenraum aufgehängt ist, wird durch die entsprechende Äußerungen, wie z. B. „*Jetzt beginnt die Präsentationsphase*“, „*Besprecht euch untereinander in euren Arbeitsgruppen*“ oder „*Lasst uns gemeinsam darüber diskutieren*“ (siehe Seite 22–25), begleitet. Auch für die verschiedenen Aktionsformen gelten bestimmte Verhaltensregeln, die den Schülern z. T. aus anderen Unterrichtsfächern bekannt sind. Ansonsten können die Verhaltensregeln auch mit Hilfe der Klassenregeln und durch den zusätzlichen Einsatz der Aktionskarten einfach verständlich gemacht werden können.

Gerade für die Aktionsformen, die sich durch gemeinsame Gespräche, Präsentationen im Plenum und Diskussionen in kleineren Arbeitsgruppen auszeichnen, sind vor allem die Regeln des einander Zuhörens und des sich nicht Unterbrechens wichtig. Die Schüler beherzigen im Laufe der Zeit schnell diese einfachen Grundregeln des höflichen und respektvollen Umgangs miteinander, was die Grundlage für erfolgreiches gemeinsames Arbeiten bildet.

Einzelarbeit

Partnerarbeit

Arbeit mit der Tischnachbarin / dem Tischnachbar

Arbeit in Dreiergruppen (3)

Arbeit in Vierergruppen (4)

Arbeit in Fünfergruppen (5)

Jochen Schmidt: Rituale für den Schulalltag – das Komplettpaket

Arbeit in Sechsergruppen (6)

Präsentation

in der Klassengemeinschaft

Kreisspiel

Stuhlkreis

Zweiergespräch / Rollenspiel

Gruppendiskussion

Halbkreis / Theaterkreis

E) Unterrichtsphasen und deren Unterstützung durch Schaukarten

Gerade im Hinblick auf die Unterrichtsphasen einer Schulstunde hat sich herausgestellt, dass es für die Schüler hilfreich ist, über die Abläufe einer Unterrichtsstunde informiert zu werden. Die Mitteilung von bestimmten Unterrichtsabläufen vor oder während einer Unterrichtsstunde ermöglicht es den Schülern, sich bestimmte Unterrichtsabläufe besser vorzustellen und zielorientierter zu arbeiten.

Deshalb kann es sehr sinnvoll sein, auf den Beginn oder das Ende der zahlreichen verschiedenen Unterrichtsphasen hinzuweisen (siehe Seite 27–29). So wissen die Schüler, wann sie sich während einer bestimmten Arbeitsphase besonders konzentrieren müssen und wann Zeiten des spielerischen Lernens, der Still- oder Freiarbeit oder der Ruhe beginnen. Das Einsetzen dieser Phasen kann durch entsprechende Ankündigungen und das zeitgleiche Hochhalten, Anheften oder Berühren der entsprechenden Unterrichtskarten mitgeteilt werden.

Wenn Sie bestimmte Arbeitsphasen, z. B. die Frei- oder Projektarbeit, erstmalig einsetzen, dann sollten Sie sich nicht nur die nötige Zeit nehmen die Arbeitsphase an sich zu erklären, sondern auch die dann gültigen Verhaltensregeln zu veranschaulichen. Die entsprechenden Klassenregeln (siehe Seite 119) oder aber die Verwendung der entsprechenden Aktionskarten können Ihnen bei der Kommunikation dieser Regeln helfen. Während der Stillarbeitsphase gilt für alle Schüler ein Redeverbot. Während der Gruppenarbeit oder der Projektarbeit hingegen ist das sich Austauschen mit anderen durchaus erwünscht. Im Laufe der Zeit werden die Schüler diese Regelungen verinnerlichen und sich in den verschiedenen Arbeitsphasen fast automatisch daran halten. Sie werden ohnehin feststellen, dass im Laufe der Zeit eine gewisse Routine einkehrt und der zunächst recht formalistische Einsatz der Regel- und Aktionskarten immer weiter zurückgenommen werden kann.

Stillarbeit

Projektarbeit

Lesezeit

Entspannungsphase

Musik und Bewegung

Spielzeit

Faktor „Zeit“

F) Der Faktor „Zeit“

Der Faktor „Zeit“ spielt im Unterricht natürlich eine wichtige Rolle. Denn für uns als Lehrpersonen findet Unterrichtsplanung, -entwicklung und -durchführung immer innerhalb bestimmter Zeitfenster statt. Aber auch für die Schüler, die nicht nur über den 45-minütigen Rhythmus einer Schulstunde zeitlich geprägt werden, sondern auch durch kleinere Zeitrahmen im Unterricht, z. B. bei konkreten Arbeitsanweisungen oder bestimmten Unterrichtsphasen, ist der Faktor „Zeit“ immer spürbar.

Zeit-Stell-Karten

Es ist hilfreich, die Informationen zu Zeiträumen und Zeitpunkten auch auf visueller Ebene zu unterstützen. Gerade im Anfangsunterricht empfehlen sich Schaukarten zu bestimmten Zeitfenstern z. B. mit Hilfe von Stellkarten zu 5-minütigen oder 10-minütigen Arbeitszeiten (siehe Seite 31) oder aber auch mittels der Klassenuhr aus Pappkarton (siehe Seite 32). Letztere Variante kann flexibel gestaltet werden, sodass auch das Verstreichen von Zeit, durch das Verstellen der beweglichen Uhrzeiger, auf visueller Ebene für die Schüler nachvollzogen werden kann.

In diesem Zusammenhang ist es natürlich auch sinnvoll, jeweils mündlich auf das Ende bestimmter Zeitphasen hinzuweisen, damit bestimmte Arbeitsabschnitte nicht völlig abrupt enden.

Ihr habt für
diese Aufgabe
5 Minuten Zeit!

Ihr habt für
diese Aufgabe
10 Minuten Zeit!

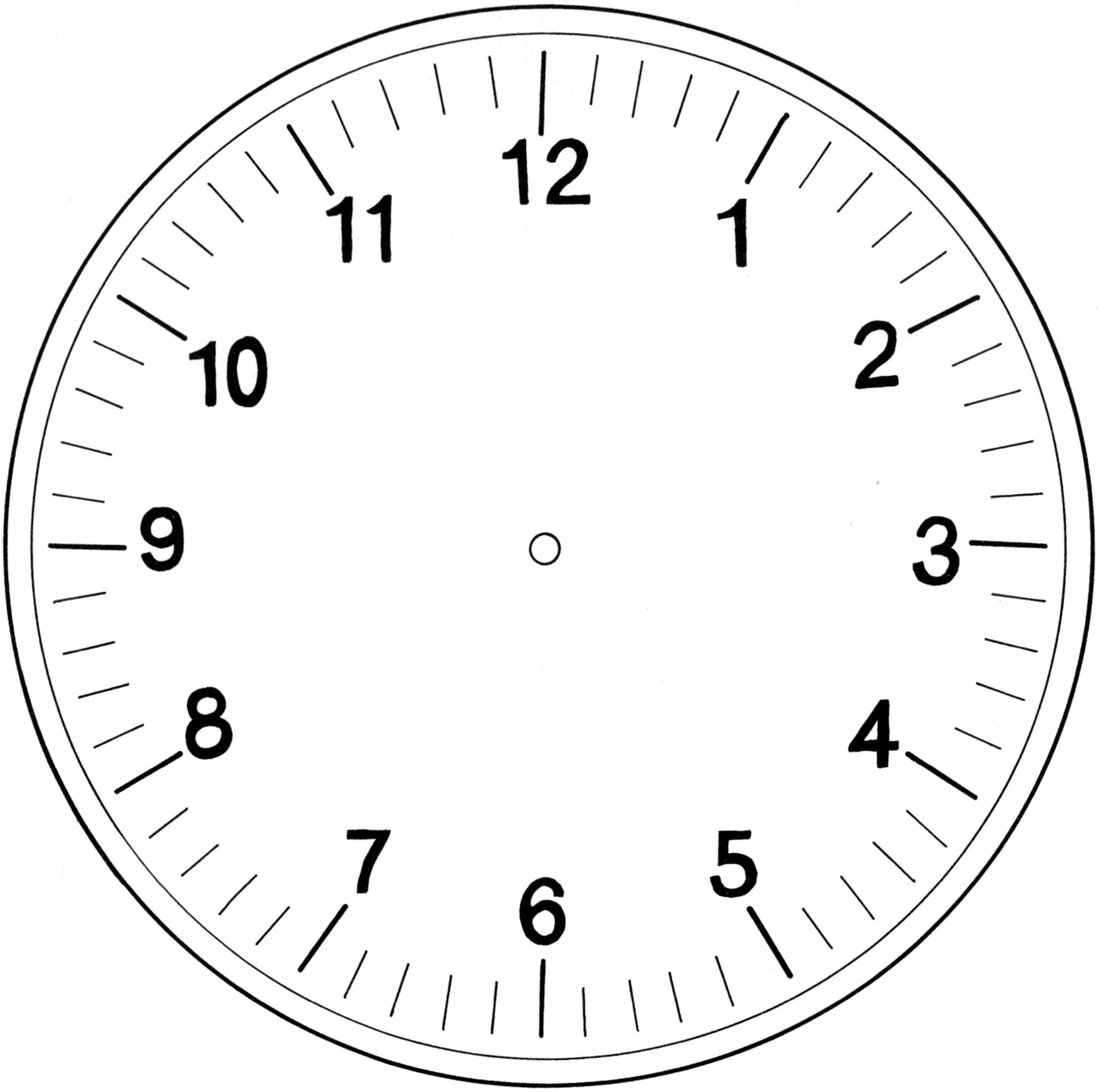
12
1
2
3
4
5
6
7
8
9
10
11

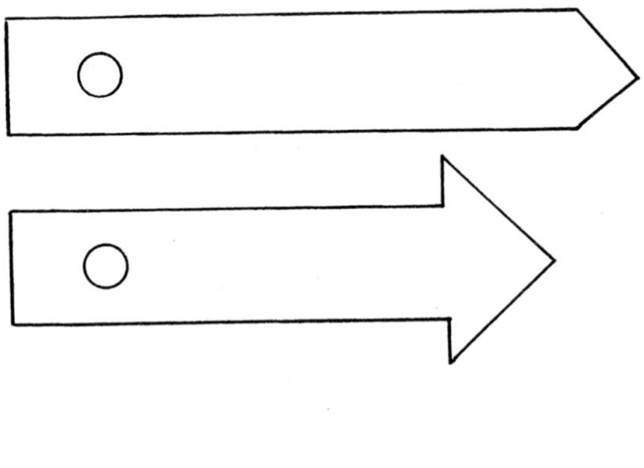

1.2 Arbeit mit dem Lautstärkebarometer

Lautstärken-barometer + Klassenregeln

Um auf Lärm oder Unruhe im Klassenzimmer hinzuweisen – was Arbeitsabläufe stört oder die Konzentration beim Lernen beeinträchtigt – ist das Lautstärkebarometer (oder Ampelbarometer) ein wertvolles visuelles Hilfsmittel. In Verbindung mit den entsprechenden Klassenregeln (siehe Seite 119) kann das Barometer dabei helfen, auf Verstöße gegen die gemeinsam für bestimmte Arbeitsphasen vereinbarten Verhaltensregeln hinzuweisen.
Mit dem Verwenden des Lautstärkebarometers gehen die gezielte Feststellung von unruhigem Arbeitsverhalten und eine entsprechende Aufforderung zur Ruhe einher. Wenn Bemerkungen zum Lautstärkezustand allgemein nicht weiterhelfen, können Sie einzelne Schüler gezielt durch persönliches Ansprechen ermahnen und so die nötige Ruhe und Ordnung im Unterricht wiederherstellen.

Das Lautstärkebarometer sollte gut sichtbar in der Klassenfront angebracht werden, damit Veränderungen, die von der Lehrperson am Barometer vorgenommen werden, sofort von allen Schülern bemerkt werden. Dann funktioniert das Lautstärkebarometer sogar auch als stiller Impuls. Andernfalls können Änderungen am Lautstärkebarometer durch akustische Signale begleitet und dadurch hervorgehoben werden (siehe Seite 34).

Ist es einmal besonders unruhig im Klassenzimmer und der Einsatz des Lautstärkebarometers erzielt keine Wirkung, sollte über eine kurze Entspannungsphase (siehe Seite 28) nachgedacht werden, in der sich die Schüler wieder beruhigen können.
Die Möglichkeiten der visuellen Gestaltung eines eigenen Lautstärkebarometers für das Klassenzimmer sind vielfältig. Im Folgenden finden Sie einige Gestaltungsvorschläge und Bastelanleitungen für mögliche Varianten, die Sie mit ein wenig Eigenarbeit einfach und schnell selbst erstellen können.

A) Drei Szenen im Klassenzimmer

Klassenszenen

Um die unterschiedlichen Lärmpegel zu thematisieren, können Sie mit Ihren Schülern drei entsprechende Szenen im eigenen Klassenraum darstellen und fotografieren. Dies erfordert ein wenig an Vorbereitung und „gute Nerven" während des Foto-Shooting. Die Bilder können dann großformatig auf Fotopapier oder sogar auf DIN-A3 Leinwand gedruckt werden.

Szene 1 – „Die ruhige Klasse": Die Schüler stellen eine ruhige Situation im Klassenraum dar. Alle Schüler arbeiten konzentriert.

Szene 2 – „Die unruhige Klasse": Hier stellen die Schüler eine unruhige Situation im Klassenraum dar. Einige Schüler sind „zappelig", einige sprechen miteinander, andere sind abgelenkt oder schauen verträumt aus dem Fenster.

Szene 3 – „Die chaotische Klasse": Im Klassenraum geht es drunter und drüber!

Ebenso wie bei den übrigen Barometern müssen auch hier die drei verschiedenen Stadien vorab erklärt werden.
In der Praxis hat sich gezeigt, dass sich die eigenen Bilder hervorragend für spätere Rede- und Schreibanlässe eignen, insbesondere deshalb weil die Akteure im Bild namentlich bekannt sind und direkt angesprochen werden können.

B) Das „Ampelbarometer" – Bastelanleitung

Die Signalfarben grün, gelb und rot kennzeichnen die verschiedenen Lautstärkegrade im Unterricht. Mit Hilfe des Pfeils, der sich an den einzelnen Farben justieren lässt, wird die jeweilige Ampelphase bzw. Lautstärke gekennzeichnet.

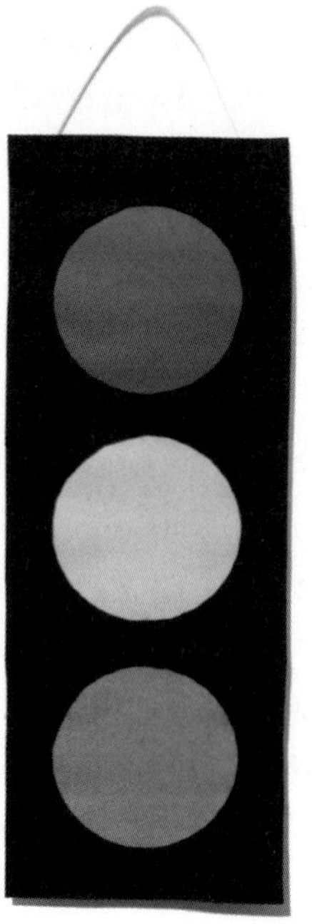

Sie benötigen:

- 3 DIN-A4 Bögen schwarzen Tonkarton
- je 1 DIN-A5 Bogen grünen, gelben und roten Tonkarton
- Bleistift, Lineal, Schere und Klebstoff
- Zirkel
- Wäscheklammer

Bastelanleitung:

- Markieren Sie jeweils mit Hilfe von Lineal und Bleistift die Mitte der drei schwarzen Tonkartonbögen.
- Ziehen Sie vom Mittelpunkt aus einen Kreis mit einem Radius von etwa 7 cm. Der Durchmesser sollte 14 cm nicht überschreiten, da die Ampel sonst instabil wird.
- Schneiden Sie die drei Kreise aus dem Tonkarton aus.
- Schneiden Sie nun jeweils aus dem grünen, gelben und roten Tonkarton mit dem Cuttermesser einen Kreis mit dem Durchmesser von 16 cm aus.
- Kleben Sie die farbigen Tonkartonscheiben hinter die im schwarzen Tonkarton ausgesparten Löcher.
- Tragen Sie jeweils an den unteren Rand, ca. 3–4 cm, des roten und gelben Ampelteils großflächig Klebstoff auf und kleben Sie die Ampel zusammen.
- Schneiden Sie frei Hand aus dem grünen Tonkarton einen Pfeil aus und kleben Sie den Pfeil auf die Wäscheklammer.
- Die fertige Ampel können Sie nun mit Heftzwecken an der Pinnwand oder mit einem Faden oder Klebestreifen an einer Wand in der Klasse aufhängen.
- Mit der Wäscheklammer können Sie die unterschiedlichen Ampelphasen kennzeichnen.

TIPP

Wenn Sie das Ampelbarometer ans Klassenfenster hängen möchten, können Sie natürlich an Stelle der bunten Tonkartonbögen auch mit farbigem Transparentpapier arbeiten. So kommen die einzelnen Farben der Ampel dann sehr schön zur Geltung.

C) Das „Wetterbarometer" – Bastelanleitung

Beim Wetterbarometer kennzeichnen die Sonne *(sonnig)*, der bewölkte Himmel *(bewölkt)* und das Gewitter *(stürmisch)* die verschiedenen Lautstärkegrade im Unterricht. Mit Hilfe des Pfeils, der sich an den einzelnen Bildern justieren oder anheften lässt, wird die jeweilige „Wetterlage" angezeigt. Beim Einführen des Wetterbarometers sollten die drei unterschiedlichen „Wetterlagen" kurz erklärt werden. Das Wetterbarometer ist auf Grund seiner ausdruckstarken Darstellung erfahrungsgemäß ein sehr guter „Blickfang" (Eyecatcher) im Klassenzimmer.

Sie benötigen:

- 3 DIN-A4 Bögen Tonkarton (hellblau, blau, hellgrau)
- je 1 DIN-A5 Bogen dunkelgraues, gelbes und weißes Tonpapier
- ein kleines Reststück grünes und blaues Tonpapier
- Bleistift, Klebestreifen, Schere und Klebstoff
- Wäscheklammern

Bastelanleitung:

- Die drei Tonkartonbögen (hellblau, blau, hellgrau) bilden, wie auf dem Foto zu sehen, die jeweilige Unterlage für die drei Wetterlagen. Verbinden Sie die drei Tonkartonbögen entsprechend dem Foto mit Hilfe von Klebestreifen, die Sie auf der Rückseite anbringen.
- Mit Hilfe der Kopiervorlage schneiden Sie aus dem gelben Tonpapier die Sonne sowie die Sonnenstrahlen aus und kleben sie auf den hellblauen Tonkarton.
- Ebenso verfahren Sie mit der zum Teil verdeckten Sonne aus gelbem Tonpapier sowie der Wolke aus weißem Tonpapier und kleben diese auf den blauen Tonkarton. Zusätzlich können Sie einige Regentropfen aus blauem Tonpapier hinzufügen.
- Schneiden Sie die Wolke aus grauem Tonpapier und den Blitz aus gelbem Tonpapier aus und kleben beides auf den dunkelgrauen Tonkarton.
- Schneiden Sie gemäß der Vorlage aus dem grünen Tonpapier einen Pfeil aus und kleben Sie den Pfeil auf die Wäscheklammer.
- Das fertige Lautstärkebarometer können Sie nun mit Heftzwecken an der Pinnwand oder mit einem Faden oder Klebestreifen an einer Wand in der Klasse aufhängen.
- Mit der Wäscheklammer können Sie die unterschiedlichen „Wetterlagen" bezüglich des Lautstärkegrads kennzeichnen.

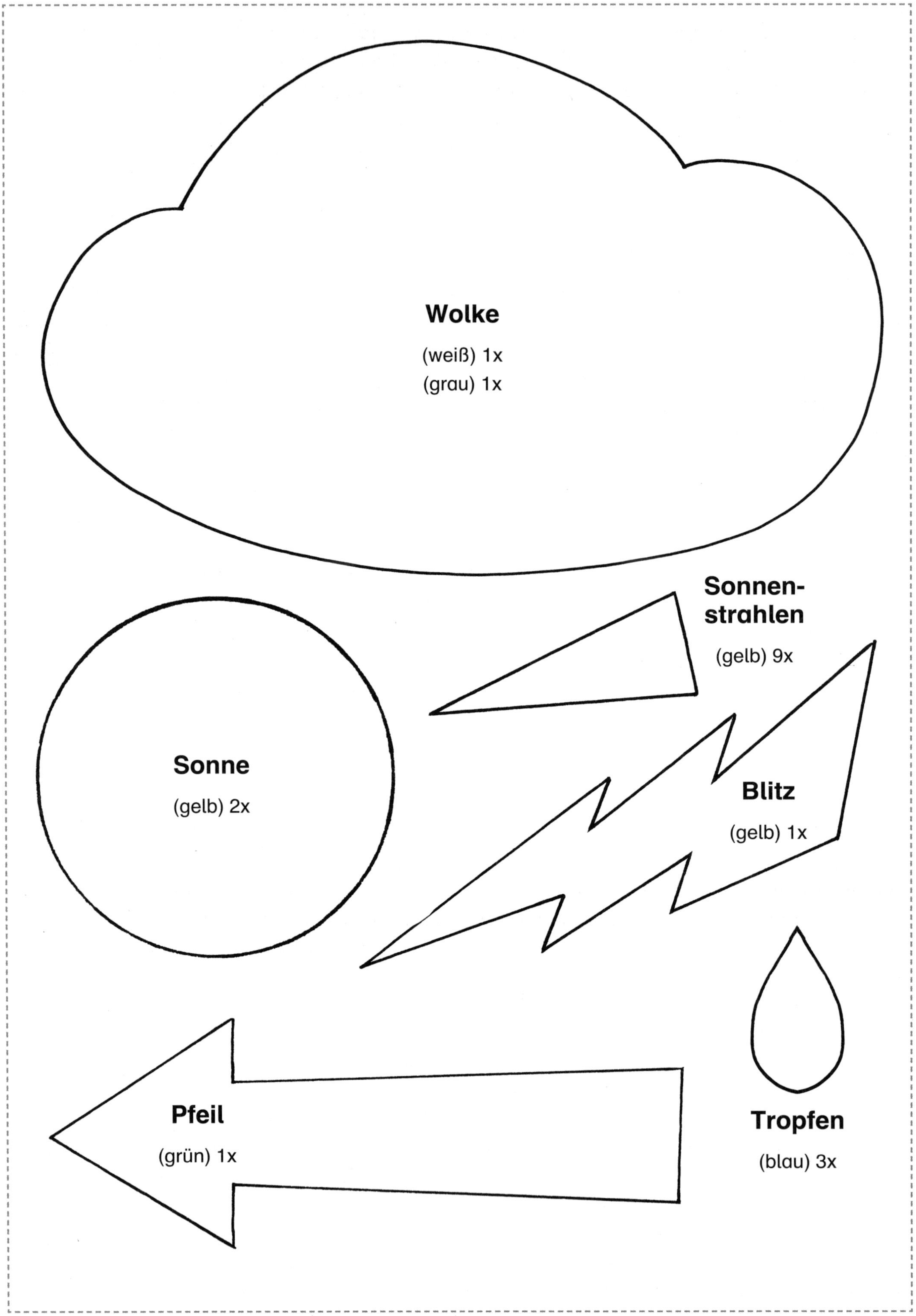
Wolke
(weiß) 1x
(grau) 1x
Sonnen-
strahlen
(gelb) 9x
Sonne
(gelb) 2x
Blitz
(gelb) 1x
Tropfen
(blau) 3x
Pfeil
(grün) 1x

2. Ritualisierung durch akustische Signale und Musik

Zusätzlich zur sprachlichen und visuellen Unterstützung kann auch der Einsatz von akustischen Signalen oder Musik sehr sinnvoll als fester Bestandteil des Unterrichtsgeschehens für bestimmte Strukturen etabliert werden. Sinnvoll ist auch die Verbindung von bestimmten Handlungsweisen und Interaktionsmustern mit akustischer Unterstützung. Akustische Signale, wie z. B. durch eine Triangel, Klingel, Glocke oder Klangschale, und Musik können punktuell, aber auch begleitend eingesetzt werden. Die Einsatzmöglichkeiten sind vielfältig.

A) Punktueller Einsatz akustischer Signale

akustische, punktuelle Signale

Das einmalige Anschlagen einer Triangel oder Glocke kann zur Aufmerksamkeit auffordern, wenn z. B. am Anfang der Stunde wichtige Mitteilungen bekannt gegeben werden. Am Ende der Stunde eingesetzt, kann ein akustisches Signal noch einmal zur Ruhe ermahnen. Generell können akustische Signale auch sehr deutlich den Beginn oder das Ende einer Arbeitsphase kennzeichnen. Ohnehin ist diese Form des akustischen Signals den Schülern durch den Schulgong, der den Beginn und das Ende einer Stunde ankündigt, oder die Pausenklingel bekannt.

Auch als „Warnsignal“ können Klänge und Töne eines Musikinstruments eingesetzt werden. Wenn die Schüler während der Unterrichtsgestaltung, während einer Arbeitsphase oder während der Stillarbeit unruhig und laut werden, kann ein akustisches Signal helfen, zur Ruhe und Ordnung im Klassenzimmer aufzufordern. Wenn die Schüler beispielsweise die Glocke hören, wissen sie, dass sie sich zu laut verhalten, zu unruhig sind und sich gegebenenfalls auf ihren Platz zurückbegeben müssen, um sich hinzusetzen und wieder beruhigen. Wenn die Schüler dann z. B. noch die Augen schließen, den Kopf auf die Arme und auf den Tisch legen und sich einen Moment ausschließlich auf sich besinnen, kommt als Folge des akustischen Signals ein kurzer Ruhemoment zustande. Im Anschluss können die Kinder ihre jeweilige Arbeit fortsetzen.

Zusätzlich kann das akustische Signal auch zur Unterstützung des Lautstärkebarometers (siehe Seite 33ff) verwendet werden. So kann das Signal z. B. eine Änderung im Lautstärkebarometer ankündigen, wenn Sie am Schaubild die Veränderung von der guten zur unruhigeren Arbeitsatmosphäre vornehmen. Ebenso kann ein bestimmtes Musikstück die Schüler darauf hinweisen, dass sie in einer Arbeitsphase zu laut werden.

Auch ein Verstoß gegen die gemeinsam verabschiedeten Klassenregeln kann durch akustische Signale gekennzeichnet werden. In diesem Fall können Sie auch auf jene Regel aufmerksam machen, gegen die in diesem Moment verstoßen wird. Es hat sich als hilfreich erwiesen, zur Verdeutlichung noch einmal auf die Darstellung der entsprechenden Regel hinzuweisen oder die Schaukarte der Regel mit der Hand zu berühren. Wenn nötig, können Sie mittels Chorsprechen auch die jeweilige Regel noch einmal mit den Kindern wiederholen.

Zusätzlich kann Musik in Form von Liedern oder Songs als Impuls ein bestimmtes Verhaltensmuster auslösen. So kann z. B. die „Aufräummusik“ oder das „Aufräumlied“ nicht

nur das Ende einer Arbeitsphase einläuten, sondern gleichzeitig auch das Signal geben, dass nun gemeinsam aufgeräumt wird und alle Arbeitsmittel wieder an ihren Platz zurückgebracht werden. Beliebt ist sicherlich die Paulchen-Panther-Musik „Wer hat an der Uhr gedreht, ist es wirklich schon so spät?“. Auch das Volkslied „Wer will fleißige Handwerker sehen?“ kann mit dem Wort „Aufräumer“ an die Situation angepasst werden. Nach einer gewissen Zeit kann dieses Aufräumritual völlig ohne lehrerseitige Instruktionen auskommen, denn die Schüler verbinden bereits mit dem Hören der entsprechenden Musik die Aufforderung zum gemeinsamen Aufräumen.
Wichtig ist, dass die ausgewählten Musikstücke und Lieder eindeutig und Kontext gebunden verwendet werden. Ähnliche Impulse können z. B. das sich Zusammenfinden im Sitzkreis oder das Bilden eines Stuhlkreises auslösen.

Musikeinsatz

B) Der Einsatz von Musik zur Begleitung des Unterrichtsgeschehens
Auch als Begleitung kann Musik im Unterricht eine wichtige Funktion übernehmen. Jedoch gilt es hier sorgfältig abzuwägen, wann musikalische Untermalung wirklich einen gewinnbringenden Beitrag zum Unterrichtsgeschehen leistet. Denn abgelenkt werden sollen die Schüler durch den Einsatz von Musik im Unterricht auf keinen Fall. Auch wenn die gewählte Musik in dieser Funktion eher Hintergrundcharakter hat, den Charakter von „Fahrstuhlmusik“ oder „Aufzugmusik“ soll sie nicht haben. Vielmehr geht es um die Untermalung bestimmter Mechanismen oder Arbeitsabläufe.
Während einer Ruhephase oder bei einem Entspannungsritual, wie der Gedankenreise, kann eine sanfte Musik eine beruhigende Wirkung auf die Schüler haben und auf diese Weise die intendierte Entspannung positiv unterstützen. Eine viel lebhaftere Musik wird natürlich verwendet, wenn es darum geht die Lerngruppe z. B. nach einer längeren, anstrengenden Arbeitsphase durch eine Bewegungsaktivität „wachzurütteln“. Es hat sich gezeigt, dass sich diese Art des Musikeinsatzes sehr positiv auf den gesamten Unterrichtsverlauf auswirkt.
Im Gegensatz dazu sollte bei Lesephasen, Freiarbeit oder Stillarbeit natürlich auf den Einsatz von Begleitmusik verzichtet werden, selbst wenn es den Eindruck erweckt, dass dies der Lerngruppe zusagt. Die Schüler sollen in diesen Phasen ganz bewusst lernen, dass es wichtig ist, sich auf eine bestimmte Handlung und Arbeit zu konzentrieren und sich dabei nicht ablenken zu lassen.

Lieder im Unterricht

C) Der Einsatz von Liedern im Unterricht
Ein weiteres wichtiges Musikelement sind natürlich Lieder, die von den Schülern im Klassenverband in bestimmten Situationen (z. B. zur Begrüßung) oder zu spezifischen Anlässen (z. B. zum Geburtstag) gesungen werden können. Auch diese musikalische Form kann als Strukturelement in den Unterricht eingebunden werden. Die meisten Lieder, die sich für den Grundschulunterricht eignen, sind fächerübergreifend einsetzbar, auch die englischsprachigen Lieder für den frühen Fremdsprachenunterricht (siehe auch Kapitel 5.4 Lieder und action songs, Seite 68ff).

3. Ritualisierung durch Sozial-, Aktions- und Umgangsformen

3.1 Sozialformen: Frontalunterricht, Einzel-, Partner- oder Gruppenarbeit

Unser Unterricht zeichnet sich durch den Einsatz einer Vielzahl unterschiedlicher Sozialformen aus. Die Bandbreite reicht von Einzel- und Partnerarbeit, über Gruppenarbeit oder Arbeit im Stuhl- oder Sitzkreis bis hin zum klassischen Frontalunterricht. Die Wahl der jeweiligen Sozialform ist abhängig von einer Vielfalt unterschiedlicher Faktoren, wie z. B. dem Lerninhalt, dem Lernziel, der Adressatengruppe, der Unterrichtssituation oder dem jeweiligen Aufgabentyp. Als Leitbegriff für die Auswahl unterschiedlicher Sozialformen gilt die methodische Varianz. Im Vordergrund steht hier die Betonung einer gelungenen Mischung, die die verschiedenen Formen sinnvoll in den Unterrichtsverlauf einbindet. Auf diese Weise bleibt unser Unterricht abwechslungsreich, interessant und dadurch nachhaltig und ertragreich.

Egal für welche Sozialform Sie sich im Einzelnen entscheiden, wichtig ist, dass Sie den Einsatz der jeweiligen Sozialform gegenüber den Schülern klar kommunizieren. Dadurch steigern Sie die Transparenz Ihrer Anweisungen und das Arbeiten anhand bestimmter Vorgaben wird für die Schüler einfacher, da es klarer nachvollziehbar ist.

Im Folgenden finden Sie eine Reihe von Hinweisen dazu, wie Sie eine gewählte Sozialform eindeutig und unkompliziert mitteilen sowie entsprechende Gruppeneinteilungen schnell und effizient vornehmen können. Als besonders nützlich haben sich die „Paar- und Gruppenkarten“ herausgestellt, die es den Schülern ermöglichen, selbst ihre Arbeitspartner bzw. Lerngruppe zu finden.

A) Einzelarbeit

Einzelarbeit

Die Aufforderung zur Einzelarbeit ist sehr einfach durch die Lehrperson umsetzbar. Die entsprechenden Arbeitsanweisungen können unkompliziert mit Hilfe der dazu passenden Schaukarte mitgeteilt werden.
Wenn Ihnen bestimmte Arbeitsschritte und Vorgehensweisen bei einer konkreten Einzelarbeit besonders wichtig sind – Sie z. B. möchten, dass die Eintragungen ins Arbeitsblatt, aus späteren Korrekturgründen, mit Bleistift gemacht werden sollen – können Sie dies durch gesonderte Instruktionen und das Zeigen der entsprechenden Material- oder Aktionskarte ankündigen. Die Schüler suchen dann aus ihrem Fundus die entsprechende Karte heraus und legen Sie vor Arbeitsbeginn vor sich auf den Tisch oder stellen sie in den Tischartenständer.

B) Arbeit mit dem Tischnachbarn / Partnerarbeit

Partnerarbeit

Auch die gemeinsame Arbeit in Zweierteams ist sehr beliebt. Kurze Dialogsituationen (Informationsaustausch, Rollenspiele etc.), Steckbriefaufgaben im Team oder das gemeinsame Korrigieren von Aufgaben lassen sich sehr gut auf diese Weise erarbeiten. Die Arbeit mit der Tischnachbarin oder dem Tischnachbarn wird dabei häufig als erste Variante der Partnerarbeit im Unterricht verwendet, weil die Schüler unmittelbar mit der Arbeit beginnen können. Es geht keine Zeit für die Einteilung von Arbeitsgruppen verloren. Allerdings kommt es so stets zu den gleichen Partnerkonstellationen.

Eine nette Abwechslung zu dieser Routine kann das Arbeiten in Zweierteams sein. Natürlich besteht die Möglichkeit, kleine Arbeitsteams gezielt zusammenzustellen, indem Sie die Teampartner selbst festlegen (z. B. nach Leistungsstand). Eine interessante Variante dazu kann die nachfolgende Methode zum Finden eines zufällig bestimmten Arbeitspartners sein. Hier müssen sich die Kinder erst mit einer kleinen Startaufgabe mittels der Paarkarten (siehe Seite 41f) erst in den jeweiligen Arbeitsteams zusammenfinden: *„Ich habe hier viele Partnerkarten. Gleich zieht jeder eine Namenskarte. Es gibt Paare wie zum Beispiel Tom und Jerry. Findet nun euren Arbeitspartner. Stellt euch vor und fragt nach euren Namen.“*)

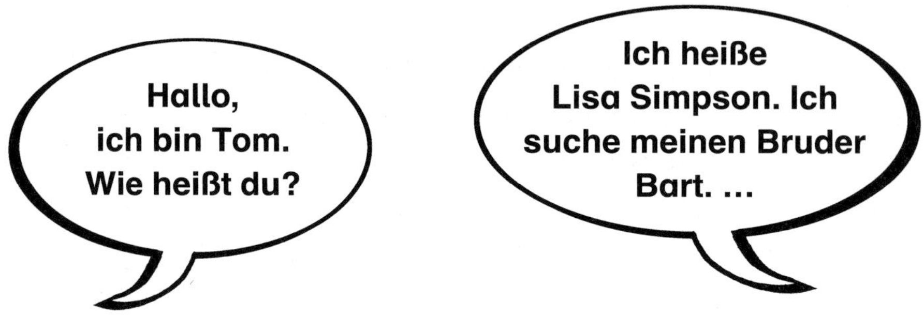

Auf den folgenden drei Seiten finden Sie eine Kopiervorlage für die Partnerkarten mit einer Auswahl an Figuren aus der Welt der Bücher, der Comics, der Zeichentrick- und Animationsfilme sowie des Fernsehens. Diese sind den Schülern erfahrungsgemäß bekannt. Jeweils zwei Figuren, wie z. B. Tom & Jerry oder Bart & Lisa Simpson, bilden ein Team. Sie können aus insgesamt 36 Paaren auswählen und so die „Partnersuche“ speziell auf Ihre Klassengröße abstimmen.

Tom	Jerry	Mickey Mouse	Minnie Mouse
Ernie	Bert	Asterix	Obelix
Nemo	Dori	Samson	Tiffy
Barbie	Ken	Maus	Elefant
Puh der Bär	Esel I-Aah	Bibi Blocksberg	Tina
Diddel Maus	Diddeline	Pumuckl	Meister Eder
Sid	Manny das Mammut	Bob der Baumeister	Wendy
Fix	Foxi	Harry Potter	Dumbledore
Willi	Biene Maja	Tim	Struppi

Jim Knopf	Lukas der Lokomotiv-führer	Pippi Lang-strumpf	Herr Nilsson
Fred Feuerstein	Wilma Feuerstein	Hänsel	Gretel
Donald Duck	Daisy Duck	Rot-käppchen	der böse Wolf
Bart Simpson	Lisa Simpson	SpongeBob	Patrick
Petterson	Findus	Bernard	Bianca
Shrek	Prinzessin Fiona	Frodo	Gandalf
Batman	Robin	Lucky Luke	Rantanplan
Tweety	Sylvester	Kermit	Miss Piggy
der kleine Bär	der kleine Tiger		

C) Gruppenarbeit

Gruppenarbeit

Auch bei der Gruppenarbeit stellt sich häufig die Frage, wie man möglichst schnell Arbeitsgruppen einteilen kann, damit wenig Zeit für die Bearbeitung der eigentlichen Aufgabe verloren geht. Gerade wenn man sich entschlossen hat, eine etwas aufwendigere und zeitlich umfassendere Arbeitsaufgabe zu stellen, ist eine einfache und schnelle Einteilung in die Arbeitsgruppen wichtig. Einfaches Durchzählen ist hierbei die gängigste Variante. Je nach Gruppenstärke wird von 1-6 oder A-D durchgezählt. Danach treffen sich die jeweiligen Zahlen bzw. Buchstaben und bilden eine Gruppe. Alternativ können Sie auch mit unterschiedlichen Farben arbeiten und anhand dieser eine Gruppeneinteilung vornehmen.

Die Kopiervorlagen für die entsprechenden Arbeitsgruppen sollen Ihnen bei der Durchführung der Gruppeneinteilungen helfen. Auch Tischkarten haben sich bewährt, die nach der Gruppeneinteilung auf den Arbeitstisch gelegt oder in die Tischkartenständer geklemmt werden können. So bleibt die Gruppenarbeit jederzeit übersichtlich. Wie für alle Arbeitsmaterialien gilt auch hier: Die Karten sollten für den Gebrauch laminiert werden. Bei den Farbkarten bietet sich das Ausmalen der Farbkleckse in der jeweiligen Farbe an. Alternativ können Sie natürlich auch Karten in der entsprechenden Farbe aus Pappe ausschneiden und laminieren.

Gruppenkarten

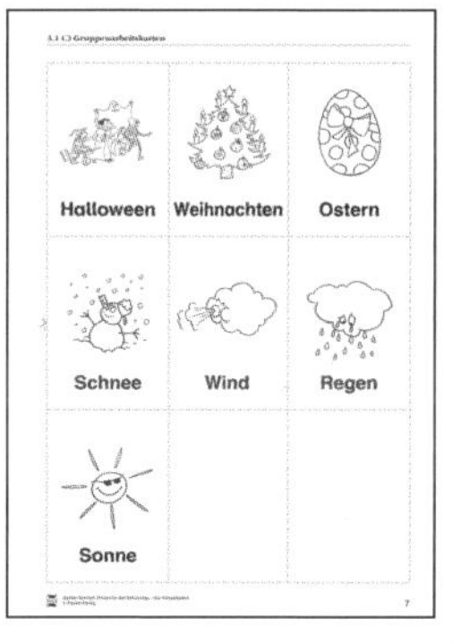

Die genannten Gruppenkarten (Begleit-CD) lassen das Bilden von sechs bis neun Personen pro Gruppe zu. Entsprechende Ergänzungen können Sie durch die Blankokarten vornehmen.

Eine lustige und sehr spielerische Alternative zu dieser Art der Kleingruppenbildung, bei der die Schüler aktiv am Bilden der Kleingruppen beteiligt sind, kann die nachfolgende Variante sein.

Mittels der Obstsalat-, Pizza- oder Hamburger-Gruppenkarten legen Sie zunächst gemeinsam mit den Schülern ein Gericht fest. Entsprechend der Anzahl der Gruppenstärke, z. B. fünf Kinder, entscheiden Sie sich für ein Gericht mit fünf Zutaten. Bei der Pizza können dies z. B. Teig, Käse, Tomaten, Zwiebeln und Salami sein. Die Zutatenkarten geben Sie in der nötigen Anzahl in einen Beutel, aus dem die Schüler dann jeweils eine Karte ziehen. Jedes Kind wird also zu einer Zutat für die Pizza.

Im Anschluss daran ist es Aufgabe der Schüler, mittels der passenden Zutaten das Gericht zu erstellen. D. h., eine Gruppe muss in unserem Beispiel aus Teig, Käse, Tomaten, Zwiebeln und Salami bestehen. Haben sich die Schüler entsprechend zusammengefunden, dürfen sie nach vorne ans Lehrerpult kommen, wo sie ihre Gruppenkarte und ihren Arbeitsauftrag entgegennehmen. Danach geht die Gruppe an ihren Platz und kann mit der Arbeit beginnen.

Zahlreiche Varianten zu dieser Art der Gruppeneinteilung mit weiteren Gerichten, z. B. Obstsalat oder Hamburger, sind denkbar.

Brötchen

Salat

Fleisch

Käse

Zwiebeln

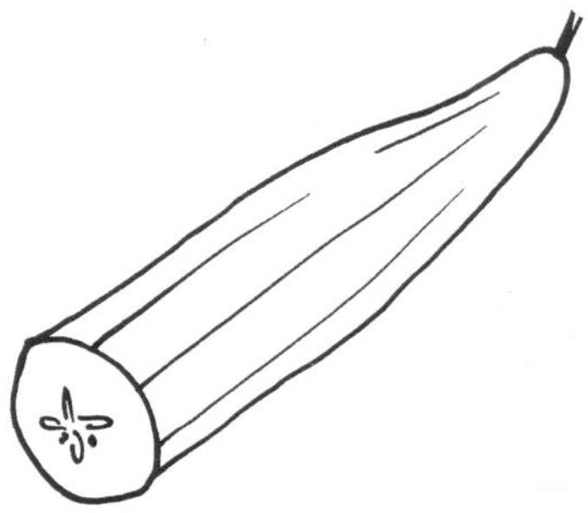

Gurken

Tomaten

Speck

Ketchup

Apfel

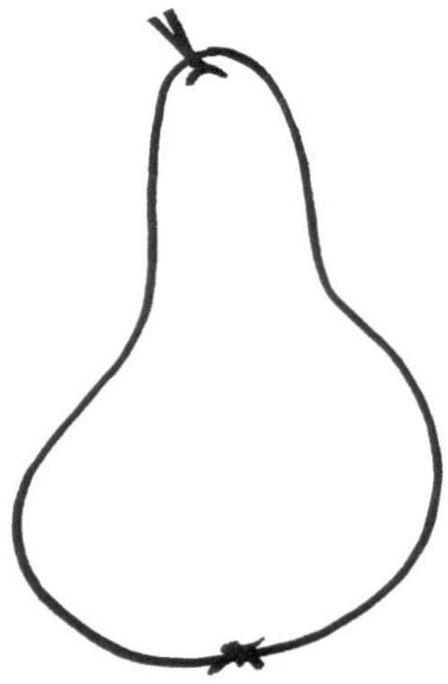

Birne

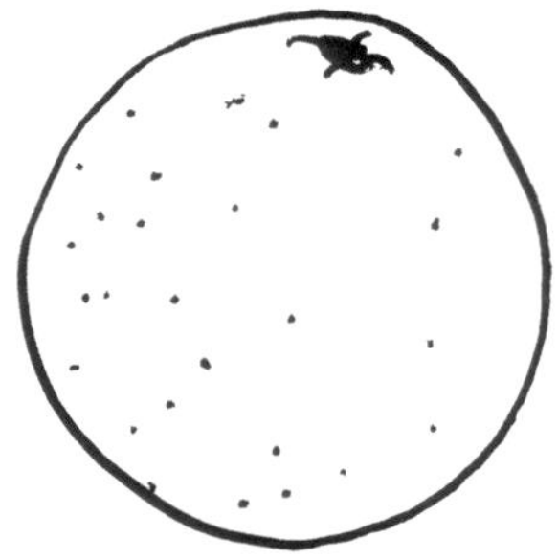

Orange

Weintraube

Melone

Erdbeere

Banane

Kirsche

Ananas

Pizzateig

Tomatensauce

Tomaten

Salami

Zwiebeln

Käse

Thunfisch

Paprika

Pilze

Hamburger Gruppe

Hamburger Gruppe

Hamburger Gruppe

Obstsalat Gruppe

Obstsalat Gruppe

Obstsalat Gruppe

Pizza Gruppe

Pizza Gruppe

Pizza Gruppe

4. Begrüßungen – Vorschläge für verschiedene Rituale

Begrüßungsrituale

In diesem Kapitel finden Sie eine kleine Auswahl an möglichen Strukturhilfen für Ihren Unterricht. Dazu zählen verschiedene Begrüßungsrituale, Gesprächsanlässe und Fragen sowohl als Eröffnung einer Stunde als auch zum Wochenbeginn sowie mögliche Gesprächsanlässe und Reflexionsfragen zum Einstieg in die Schulwoche. Die Vorschläge und Ideen beziehen sich nicht auf ein spezifisches Unterrichtsfach und sind meist fächerübergreifend einsetzbar.

Eröffnungs- oder Begrüßungsrituale sind für den Unterricht gerade deshalb so wichtig, da sie gleich am Anfang der Stunden dazu beitragen, dass die Klasse auf den beginnenden Schultag oder eine neue Unterrichtssituation eingestimmt wird. Welche Grußformel Sie wählen, hängt von der Lerngruppe sowie der jeweiligen Situation und Unterrichtszeit ab. Tageszeiten geben häufig eine bestimmte Grußformel vor. Je nachdem wie vertraut und bekannt Sie mit den Schülern sind, sind natürlich deutlich persönlichere Grußformeln als das klassische „Guten Morgen“ möglich.

Im Anschluss daran eignen sich insbesondere bei jüngeren Lernern konkrete Begrüßungsrituale, Songs in deutscher oder z. B. auch englischer Sprache, Bewegungslieder oder andere Aktivitäten. Erfahrungsgemäß gefällt es gerade den Erst- und Zweitklässlern sehr, wenn sie zu Beginn des Unterrichtstages für ein Begrüßungsritual in einem Kreis zusammenkommen. Gerade bei Begrüßungen, mit denen Handlungsmuster wie ein Händeschütteln, verknüpft sind, hat sich diese Form des Zusammenkommens sehr bewährt.

Welches Ritual Sie für ihre jeweilige Klasse kreieren, hängt natürlich auch stark davon ab, in welcher Verfassung sich die Klasse zu Unterrichtsbeginn befindet.

Bewegungslied oder Kreisspiel zum Wachrütteln

Sind die Kinder am frühen Morgen oder im Verlauf des Tages in Folge einer anstrengenden vorausgegangenen Stunde eher erschöpft und angespannt, kann ein Bewegungslied oder Kreisspiel der richtige Einstieg sein, um die Schüler wachzurütteln. Kommen die Kinder dagegen aufgeregt aus der Pause oder zum Beispiel frisch aus dem Sportunterricht, kann eine kurze Beruhigungsübung, z. B. eine Gedankenreise (siehe Kapitel 7.2, Seite 95f), den Start in den nachfolgenden Unterricht erleichtern.
Auch die Frage nach der Befindlichkeit der Kinder („*Wie geht es dir/euch heute?*“) kann eine Form des Einstiegs in den Unterricht darstellen. Der Einsatz der Smileys bzw. Mädchen oder Jungengesichter (siehe Kapitel 4.2, Seite 52f) kann den Schülern dabei helfen, ihren momentanen Gefühlszustand auszudrücken.

Dies kann Ihnen wiederum dabei helfen, für den Unterricht die Gefühlslage der Gruppe oder einzelner Kinder besser zu berücksichtigen. Unter Umständen erfahren Sie so auch, welches der Kinder heute etwas mehr Aufmerksamkeit, Hilfe oder Zuwendung benötigt.

4.1 Begrüßungsrituale zum Einstieg in den Schultag oder in eine Unterrichtsstunde
Gerade das Einstimmen der Schüler in einen neuen Schultag oder in eine neue Unterrichtsstunde ist sehr wichtig. Um die Kinder erfolgreich auf etwas Neues einzustimmen

und dann mit einem bestimmten Arbeitsschritt zu beginnen, können Ihnen die nachfolgenden Vorschläge für Begrüßungen mittels Musik, Mimik und Gestik oder unterschiedlicher – auch internationaler – Begrüßungsformen sowie mittels verschiedener spielerischer Aktivitäten helfen.

A) Begrüßung mit Musik

Eine einfach und spontan durchführbare Variante eines interaktiven Begrüßungsrituals können Sie auf der Grundlage des Spiels „Die Reise nach Jerusalem" durchführen. Die Schüler werden aufgefordert, sich zu der Musik durch den Klassenraum zu bewegen. Wird die Musik durch die Lehrperson unterbrochen, begrüßen sich diejenigen, die sich gerade gegenüber stehen oder in unmittelbarer Umgebung befinden, mit zuvor vereinbarten Grußformen.

Beim ersten Musikstopp können sich die Schüler beispielsweise mit Handschlag begrüßen, bei der nächsten Musikpause mit einer Verbeugung und anschließend dann mit einer kurzen Umarmung oder durch Zuwinken etc. . Die Art der Begrüßung kann durch die Lehrperson vorgegeben werden oder abwechselnd schülerseitig erfolgen.
Dieses Ritual wirkt aktivierend und kann zum Aufmuntern und Animieren der Lerngruppe eingesetzt werden.

B) Pantomimische Begrüßungen – Gestik und Mimik übermitteln

Pantomimische Begrüßung

Bei diesem Begrüßungsritual wird keine verbale Begrüßungsform übermittelt, sondern – ähnlich wie bei dem Spiel „Stille Post" – eine bestimmte Geste oder ein Gesichtsausdruck still weitergegeben. Dazu stellen sich die Schüler in einer Reihe hintereinander auf. Die so entstehende Menschenschlange kann sich durch das gesamte Klassenzimmer winden. Die Kinder geben die Geste oder den Gesichtsausdruck des hinter ihnen stehenden Mitschülers an ihren Vordermann weiter. Am Ende des Spiels wird überprüft, ob die übermittelte non-verbale Botschaft korrekt weitergegeben wurde.

TIPP

In einer humoristischen Variante können auch Grimassen und Fratzen von den Schülern aneinander weitergegeben werden. Erschwert werden kann diese Aufgabe dadurch, dass nicht gelacht werden darf.

C) Begrüßung der Stille

Begrüßung der Stille

Eine völlig andere Form des Grüßens kann in der Aktivität „Begrüßung der Stille" eingesetzt werden. Dieses Ritual dient der Beruhigung der Lerngruppe und zum Herausnehmen der Geschwindigkeit bestimmter Abläufe, denn hier steht das sich auf sich selbst und andere Besinnen im Vordergrund.

Die „Begrüßung der Stille" kommt auch ohne Musik aus, allenfalls können meditative Klänge diese Übung begleiten. Die Schüler werden zunächst darauf hingewiesen, dass während der Aktivität nicht gesprochen werden darf. Zusätzlich können Sie auch die Schilder mit dem Stillegebot aufstellen (Begleit-CD), um die Schüler zur Ruhe zu ermahnen.

Im Anschluss werden die Schüler gebeten, leise und bedächtig durch den Klassenraum zu gehen. Wenn sie einander begegnen, können sie sich wortlos durch Blickkontakt, Kopfnicken oder Händeschütteln, Hand auf die Schulter legen, Zuwinken sowie einfaches Zulächeln begrüßen.
Auf diese Weise kehrt Ruhe ein und die Schüler entspannen sich während des Rituals. Danach ist wieder ein konzentriertes Arbeiten mit der Klasse möglich.

Internationale Begrüßungsformen

D) Internationale Begrüßungsformen
Ein Begrüßungsritual der anderen Art kann, verstanden als einfachste Implementierung interkultureller Kompetenz, in Begrüßungsformen in unterschiedlichen Sprachen erfolgen. Dieses Ritual kann im Stuhlkreis, im Sitzkreis oder aber auch vom Platz aus durchgeführt werden. Die Lehrperson oder ein Kind gibt eine fremdsprachliche Begrüßungsvariante vor, mit der dann alle Mitschüler reihum begrüßen. Im Anschluss daran kann je nach zeitlicher Möglichkeit das Ritual in einer anderen Sprache fortgeführt werden.

Denkbare Begrüßungsformen sind zum Beispiel:

Englisch:	Good morning!
Französisch:	Bonjour!
Italienisch:	Buon giorno!
Spanisch:	¡Buenos días!
Türkisch:	Günaydın!
Niederländisch:	Goedemorgen!
Polnisch:	Dzień dobry!
Russisch:	Доброе утро! [Dóbroe útra]
Japanisch:	こんにちは! [Konnichiwa]

Dabei können zusätzlich auch verschiedene Gesten (z. B. winken, „High Five", Hand schütteln, verbeugen, drücken etc.) mit in die Begrüßung eingebunden werden.

E) Kurze Freuden-Botschaften
Ein klein wenig mehr Zeit benötigt das Begrüßungsritual in Form von schriftlichen Botschaften, die sich die Schüler gegenseitig schreiben (siehe Seite 51). Bei ungerader Schüleranzahl können Sie als Lehrperson ebenfalls eine Botschaft verfassen.

Ähnlich wie beim Wichteln bedenken sich die Schüler untereinander mit einer kurzen, schriftlichen Botschaft, die mit den Worten „Ich freue mich, dass du heute da bist, weil …" beginnt und individuell auf den jeweiligen Adressaten zugeschnitten, ergänzt, unterschrieben und anschließend übergeben wird. Dazu müssen Sie für die Klasse die Zettel für die Botschaft vorbereiten.

Für das Schreiben der Botschaften und das Finden der passenden Adressaten können Sie den Schülern entweder freie Hand bei der Auswahl lassen oder aber durch Losverfahren oder Anweisungen wie „Schreibt eurem Tischnachbarn eine kurze Nachricht" oder „Schreibt euch innerhalb eurer Tischgruppe eine kurze Nachricht" bestimmte Partner zuweisen.

Natürlich können Sie auch jeweils zwei Schüler auswählen, die sich gegenseitig eine Nachricht schreiben sollen.

Außerdem können Sie die Klasse auffordern, an einen Unbekannten eine kurze Botschaft mit einem freundlichen Gruß zu schreiben, diese dann in einem Beutel oder einer Schachtel einsammeln, aus dem/der anschließend reihum jeder Schüler eine Botschaft zieht. Zieht jemand den eigenen Namen, wird die Botschaft wieder zurück in die Schachtel gelegt.

Alternative: Um die Vorbereitungszeit gering zu halten, ist natürlich auch eine mündliche Kommunikation der Botschaft möglich. Erfahrungsgemäß reagieren die Schüler aber deutlich positiver auf die schriftliche Variante.

Ich freue mich,
dass du heute da bist,

weil ______________________

____

____

Unterschrift

Ich freue mich,
dass du heute da bist,

weil ______________________

____

____

Unterschrift

Ich freue mich,
dass du heute da bist,

weil ______________________

____

____

Unterschrift

Ich freue mich,
dass du heute da bist,

weil ______________________

____

____

Unterschrift

Erzählrituale zum Wochenanfang

4.2 Handlungsmuster, Erzählrituale und Gesprächsanlässe zum Wochenanfang

Was für die Begrüßungsformen einer Einzelstunde gilt, gilt gleichermaßen für die Handlungsmuster, mit denen die Schulwoche beginnt, wenn die Kinder aus dem Wochenende kommen und sich erst einmal wieder in den Schulrhythmus eingewöhnen müssen. Daher bietet sich der Einsatz von Eingewöhnungsritualen an, z. B. Erzählrituale (mit Hilfe von Erzählmustern), und Fragen, die den Kindern den Start in die Woche erleichtern sollen.

Häufig gibt es viel zu erzählen, Freunde und Freundinnen wurden getroffen oder etwas Aufregendes ist passiert. Diese Neuigkeiten müssen jetzt unbedingt mitgeteilt werden. Erfahrungsgemäß kann es daher zu Beginn der Woche etwas unruhig im Klassenraum werden: Es wird getuschelt und gelacht. Grundsätzlich ein gutes Zeichen, jedoch kommt der Unterricht dann häufig eher schleppend in Gang.

Es kann daher sehr hilfreich sein, diesen Kommunikationsdrang der Schüler für den Unterricht nutzbar zu machen. Einfache Aufforderungen und Fragen, die bereits in der ersten Klasse für kleine Dialoge und schöne Gesprächsanlässe sorgen, wie „Erzähl' uns doch einmal von deinem Wochenende.“ oder „Ist dir denn am Wochenende etwas Aufregendes oder Spannendes passiert?“. Diese einfachen Fragen können manchmal auch einen passenden Einstieg in ein neues Unterrichtsthema bieten.

Gefühle und persönliche Eindrücke schildern

A) Gefühle und persönliche Eindrücke kommunizieren

Anlässlich der Frage nach der Befindlichkeit der Klasse, kann dieses Ritual als fester Bestandteil in den Start der Woche integriert werden. Auf Nachfrage der Lehrperson beschreiben die einzelnen Schüler ihren derzeitigen Gefühlszustand mit Hilfe der Bildkarten des Stimmungsbarometers (siehe Seite 53ff). Sie können entweder mit der Smiley-Dreier-Variante arbeiten, insbesondere wenn es schnell gehen soll (z. B. für Umfragen mit Diagrammauswertung). Oder Sie setzen die spezifischeren Bildkarten mit jeweils sechs Varianten für Jungen und Mädchen ein (Begleit-CD) und geben individuelles Feedback zu den Schüleräußerungen. Auf diese Weise wissen wir als Lehrpersonen sofort, wem es heute vielleicht nicht ganz so gut geht, und wer am heutigen Tag etwas mehr Aufmerksamkeit benötigt als die übrigen Kinder.

Auf ähnliche Weise lassen sich auch Fragen, wie z. B. „Wie war denn euer Wochenende?“ durch einfaches Hochhalten des lächelnden oder traurigen Gesichts als Start in den Tag begleiten. Auch dies hilft uns dabei, einen Einblick in die Gefühlslage der Lerngruppe zu erhalten.

Wochenendbox

B) Die Wochenendbox

Die Wochenendbox lässt sich ganz einfach aus einem Schuhkarton herstellen, den die Schüler selbst gestalterisch verschönern und verzieren können. Die Wochenendbox darf immer am ersten Schultag nach einem Wochenende mitgebracht werden, wenn die Lehrperson zuvor dazu aufgefordert hat.

In der Wochenendbox dürfen die Schüler diejenigen Gegenstände mitbringen, die ihnen am Wochenende besonders bedeutsam erschienen sind, die sie vielleicht gefunden haben, die sie geschenkt bekommen haben, die sie gebastelt haben oder die sie in irgendeiner Form am Wochenende begleitet haben. Hauptkriterium ist jedoch, dass der Gegenstand die Größe der Box nicht überschreitet.

Der Reihe nach dürfen die Schüler nun den oder die Gegenstände aus der Wochenendbox, die ihnen am wichtigsten sind, kurz mit ein paar Worten ihren Mitschülern vorstellen. Es sollte darauf geachtet werden, dass jedes Kind die Möglichkeit erhält, mindestens einen Gegenstand vorzustellen.

Dieses Ritual beansprucht erfahrungsgemäß selbst im Schnelldurchlauf mindestens ein bis zwei Unterrichtsstunden. Folglich handelt es sich dabei um ein Strukturelement, was eher nur ein- bis zweimal pro Halbjahr eingesetzt werden kann. Dennoch macht diese schöne Aktivität, den Schülern viel Freude und ist ihre investierte Zeit in jedem Fall wert.

Alternative: Wenn Sie die Vorstellungsrunden der Gegenstände über ein ganzes Schuljahr oder Schulhalbjahr verteilen möchten, können Sie auch immer nur bestimmten Schülergruppen, z. B. 3–5 Schülern pro Termin, den Auftrag geben, nach dem kommenden Wochenende ihre Wochenendbox mitzubringen, um einen Gegenstand daraus zu präsentieren. Darüber, wer wann etwas vorgestellt hat, sollte Buch geführt werden, damit niemand nachteilig behandelt wird und tatsächlich alle Schüler die Gelegenheit erhalten, einmal etwas aus dem Wochenende mitzubringen.

Erlebnisse eines Mitschülers schildern

C) Erlebnisse eines Mitschülers schildern

Auch dieses Ritual greift die schülerseitigen Erlebnisse des vergangenen Wochenendes auf und bietet die Möglichkeit, den natürlichen Gesprächsdrang zum Wochenbeginn produktiv zu nutzen. Dazu finden sich die Schüler in Zweierteams zusammen und berichten sich gegenseitig von den wichtigsten Dingen, die ihnen am letzten Wochenende passiert sind. Dabei müssen sie genau zuhören und sich auf einem kleinen Merkzettel Notizen zu den Erlebnissen ihres Gesprächspartners machen. In der anschließenden Erzählrunde, zu der sich die Kinder im Sitz- oder Stuhlkreis einfinden, schildern sie nun nicht ihre eigenen Erlebnisse, sondern erzählen vom Wochenende ihres Gesprächspartners. Auf diese Weise wird das genaue Zuhören und Wiedergeben von bestimmten Informationen geschult.

Alternative: Wenn genügend Zeit vorhanden ist, kann dieses Ritual in höheren Klassenstufen in schriftlicher Form eingesetzt und die Gesprächsinformationen auf den speziellen Notizbögen festgehalten werden (Begleit-CD). Diese werden zunächst sehr sorgfältig von den Schülern vorbereitet und dann nach der Vorstellungsrunde, z. B. für die Klassenchronik, eingesammelt oder im Portfolio abgeheftet.

D) Motto der Woche

Gerade zu Beginn der Woche hilft es manchmal, wenn man für die anstehende Arbeit ein bestimmtes Motto oder einen Wahlspruch ankündigt. Dies bereitet die Schüler auf bevorstehende Ereignisse vor und macht anvisierte Zielsetzungen seitens der Lehrperson deutlich. Dieses Mitteilungswerkzeug muss nicht als festes Ritual in jeder Woche verwendet werden. Aber punktuell eingesetzt, kann es Überraschungen vorbeugen oder zusätzlichen Ansporn angesichts großer Herausforderungen schaffen. Sprüche wie „Gemeinsam sind wir stark!", „Wir schaffen das!" oder „Die Hoffnung nicht aufgeben!" können dabei helfen.

Auch Probleme, z. B. Streitigkeiten in der Klassengemeinschaft oder rivalisierenden Schülergruppen, können in dieser Form der Klassenansprache thematisiert werden. Anknüpfend daran kann ein Spruch, wie „Der Klügere gibt nach" oder „Ehrlich währt am Längsten", Ausgangspunkt für eine nachfolgende Aussprache oder Reflexionsphase sein. Die Einsatzmöglichkeiten dieses Impulses sind vielfältig.

Damit der Wahlspruch oder das Motto durch die gesamte Woche hindurch präsent ist, empfiehlt sich ein kleines Plakat oder Schild, dass Sie an die Pinnwand hängen können oder bei sich auf dem Pult aufstellen (siehe Begleit-CD).

E) Ankündigungen

Es kann hilfreich sein, den Montagmorgen als einen festen Ankündigungszeitraum für die Klasse zu etablieren.

Unter der Rubrik „Neues" können Sie Ankündigungen mündlich vortragen. Sie können die Mitteilungen aber zusätzlich auch in schriftlicher Form im Klassenzimmer fixieren, da sie dann als Gedankenstütze dienen und als „Begleiter" durch die Woche stets präsent sind.

Wenn Sie also z. B. im Verlauf der Woche eine neue Aktivität, ein neues Spiel oder ein neues Lied mit der Klasse erarbeiten wollen, können Sie dies bereits in der Ankündigungsphase am Montagmorgen mitteilen. Selbst ohne weitere konkrete Angaben können Sie das neue Projekt kurz ankündigen und die Klasse so darauf vorbereiten. Außerdem wird über diesen Mitteilungsmechanismus die Klasse in neue Aufgabenbereiche mit eingebunden, selbst wenn sie keinen direkten Einfluss auf die Entscheidungen hat. Ist genügend Zeit vorhanden, können Sie die Ankündigungsphase für einen ersten Testlauf verwenden. Je öfter dieser Mechanismus verwendet wird, desto eher können Sie z. B. den Montagmorgen als ein Zeitfenster der Erprobung oder Testphase etablieren. Diese Grundlage lässt sich dann später auf weitere Bereiche übertragen und, sobald die Schüler z. B. in Klasse 4 für eigene Projekte verantwortlich sind, auf Präsentationen und Ankündigen seitens der Schüler erweitern (z. B. in der Form von Ankündigungen seitens des Klassensprechers oder des Schriftführers, wenn z. B. Klassenpost eingetroffen ist). Entsprechende Kopiervorlagen finden Sie auf der Begleit-CD.

Für diese Phase sollten bestimmte Aufmerksamkeitsregeln gelten, die Sie mit Hilfe der passenden Schaukarten verdeutlichen können (siehe Begleit-CD). So gelten während dieser Phase z. B. ein strenges Redeverbot sowie ein Zuhörgebot!

TIPP

Sie sollten für die Ankündigungen einen festen Platz an Ihrer Pinnwand oder am schwarzen Brett in der Klasse reservieren. Dann sind die Ankündigungen nicht nur für Sie und Ihre Schüler stets präsent, sondern auch für eventuelle Besucher wie z. B. andere Lehrpersonen oder Eltern.
Auf diese Weise können wir als Lehrpersonen auch ganz programmatisch und bewusst nach außen tragen, wie innovativ, stets aktuell und herausfordernd unserer Unterricht ist.

Wochenübersicht – Planungshilfe für die Schüler

F) Die Wochenübersicht

Die Wochenübersicht ist ein wichtiges Instrument für die Schüler, mittels derer sie bereits ab der ersten Klasse lernen können, wie wichtig und hilfreich es ist, Aufgaben und Ereignisse zu planen. In die Wochenübersicht können die Kinder selbst Informationen zu bevorstehenden Aktivitäten, z. B. den nächsten Termin für den Klassenrat, Kleingruppenarbeit, die bevorstehende Zeugnisvergabe, die nächste Klassenarbeit aber auch Geburtstagserinnerungen und viele weitere Termine, festhalten (siehe auch Begleit-CD).
Die Wochenübersicht können Sie zu Beginn der Woche, z. B. im Laufe des Montags, zunächst gemeinsam mit den Schülern ausfüllen. Ab der Klassenstufe 2 bzw. 3 werden Ihre Schüler zunehmend selbstständiger und können dann ohne Ihre Mithilfe diese Planungs- und Kommunikationsaufgabe erfüllen. Geben Sie Ihren Schülern dann dafür den nötigen Freiraum und stellen Sie fest reservierte Zeitfenster zur Verfügung.
Idealerweise hängt die Wochenübersicht in der Klasse gut sichtbar aus.

TIPP

Wenn Sie die Übersicht laminieren, können Eintragungen mit wasserlöslichen Stiften vorgenommen und so immer wieder aktualisiert und nahezu unbegrenzt eingesetzt werden.

Bei Bedarf können sich die Schüler aus der kleinen Variante auf der Begleit-CD auch einen Notizzettel erstellen, der ebenfalls der Erinnerung dient. Darüber hinaus kann dieser Notizzettel auch ein Kommunikationsweg zwischen Ihnen und den Eltern Ihrer Klasse sein.

Montag

Dienstag

Mittwoch

Donnerstag

Freitag

5. Ritualisierung durch gemeinsame Aktivitäten

Bewegungsrituale

Hinter dem Motto „Gemeinsam aktiv sein!“ verbergen sich eine Reihe von Aktivitäten und (Bewegungs-)Spielen, die Sie als stets wiederkehrende Handlungs- und Orientierungsmuster in Ihren Unterricht einbauen können. Spielerisches Lernen und die Ausbildung und Förderung unterschiedlicher Fähigkeiten und Kompetenzen stehen hier im Vordergrund. Die Einsatzmöglichkeiten für diese Rituale sind vielfältig. Bewegungsrituale sind hilfreich, wenn eine Aufmunterung und Aktivierung der Schüler gefragt ist. Dies kann sich nach besonders anstrengenden Arbeitsphasen sehr positiv auf den weiteren Unterrichtsverlauf auswirken.

Die nachfolgenden Vorschläge enthalten Spiele und Aktivitäten, die im Klassenverband aber auch in kleineren Lerngruppen eingesetzt werden können. Alle Vorschläge sind fächerübergreifend und mit kleinen Veränderungen für nahezu alle Klassenstufen anwendbar.

Die meisten Aktivitäten sind sofort einsatzfähig, da keinerlei Hilfsmittel oder Gerätschaften benötigt werden, die nicht im üblichen Klassenfundus vorhanden wären.

TIPP

Die Methode „kontrolliertes Chaos“ ist ein „zufallsbasierter“ Auswahlmechanismus, der die Schüler bei der „Wahl“ eines Spieles oder Liedes einbezieht (siehe Seite 58ff).

Kontrolliertes Chaos - „Himmel und Hölle“

5.1 Kontrolliertes Chaos – „Himmel und Hölle“

„Himmel und Hölle“ ist ein beliebtes Abzählspiel bei Schülern. Aber auch wir können uns dieses zufallsbasierte Spiel für unsere Arbeit zu Nutze machen. Denn mittels „Himmel und Hölle“ lassen sich gezielt geplante Zufallsentscheidungen (kontrolliertes Chaos) in unseren Unterricht integrieren. Der Mechanismus ist denkbar einfach. Ist der „Zufallsgenerator“ erst einmal gebastelt (Seite 59f), können Sie, je nach Interessenbereich, auf der rückwärtigen Innenseite des Spieles zufällig angeordnete Lieder, Aktivitäten oder Spiele notieren (Seite 60). Diese werden mit Ziffern auf der Innenseite des Spiels koordiniert. Um den „Zufallsgenerator“ zu starten, nehmen Sie das Faltkonstrukt in die Hand, sodass Zeigefinger und Daumen einander gegenüberliegend in den Öffnungen auf der Unterseite Platz finden. Nun können Sie den „Zufallsgenerator“ noch oben sowie zur Seite öffnen und schließen. Fragen Sie nun einen Schüler nach einer Zahl zwischen 1-10. Erhalten Sie beispielsweise die Antwort 3, so öffnen Sie den Generator einmal nach oben (dann schließen), einmal seitwärts (dann schließen) und wieder nach oben. Wenn Sie nun in das Spiel hineinschauen, sehen Sie im Inneren die zuvor aufgeschriebenen Zahlen. Diese lesen Sie dem Schüler vor, woraufhin er eine der Zahlen auswählt. Öffnen Sie nun den Zufallsgenerator hinter dieser Zahl, wird die dahinter liegende Aktivität sichtbar.

Auf diese Weise kommt etwas Spontanität in den Klassenraum.

	1. Für das Spiel „Himmel und Hölle“ wird ein quadratisches Blatt Papier mit einer Seitenlänge von etwa 20cm benötigt.
	2. Falten Sie das Blatt entlang seiner beiden Diagonalen. Achten Sie dabei auf genaues Falten und saubere Faltkanten. Gerade die Eckpunkte werden später sehr wichtig.
	3. Falten Sie das Blatt je einmal längs und einmal quer. Auch hier sollte auf eine saubere Faltkante geachtet werden.
	4. Falten Sie alle Eckpunkte zur Mitte hin.

	5. Drehen Sie nun das Blatt Papier auf die Rückseite und wiederholen Sie Schritt 4, indem Sie erneut alle vier Ecken nach innen falten.

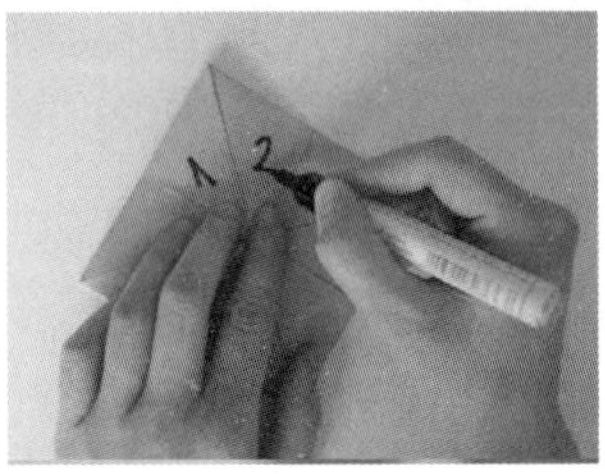	6. Drehen Sie das Blatt Papier um. Glätten Sie die Bastelvorlage. Dies erleichtert das anschließende Beschreiben der Vorlage. Schreiben Sie die Zahlen von 1-8 im Uhrzeigersinn auf die einzelnen Felder.
	7. Öffnen Sie nun die Bastelvorlage und tragen Sie auf jeder Innenfläche eine Aktivität, ein Spiel oder ein Lied ein. Falten Sie im Anschluss wieder die jeweilige Ecke zur Mitte zurück, damit die ursprüngliche Form der Bastelvorlage entsteht.
	8. Drehen Sie nun das Blatt Papier um und öffnen Sie durch leichtes Drücken auf die vier äußeren Eckpunkte die vier Fingeröffnungen für das „Himmel und Hölle“ Spiel.
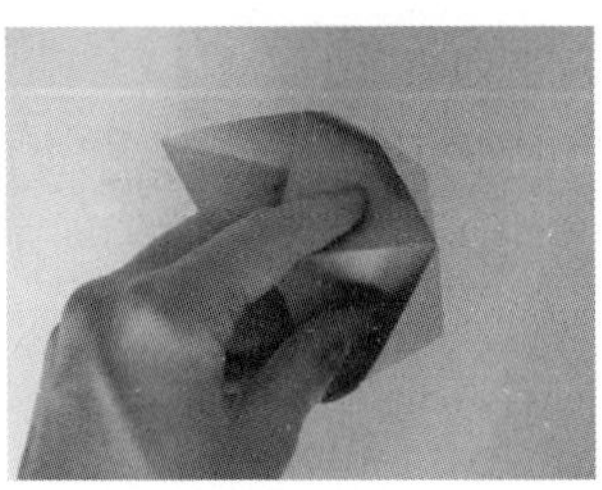	9. Greifen Sie mit Daumen, Zeige-, Mittel- und Ringfinger invje eine Fingeröffnung und führen Sie alle vier Eckpunkte zu einer Spitze zusammen. Dadurch entfaltet sich die korrekte Form des Spiels.
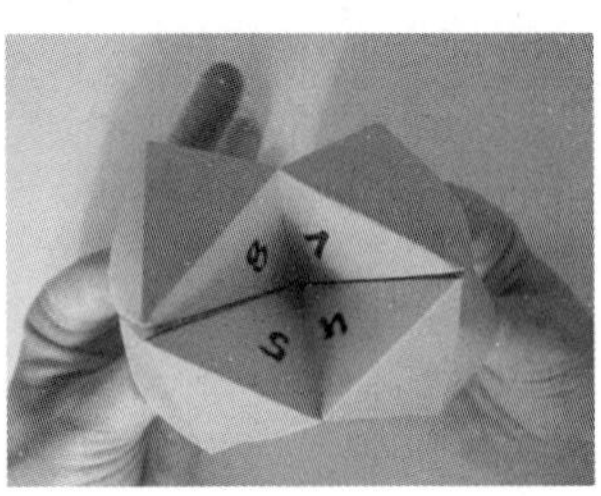	

5.2 Spiele und Aktivitäten

Beim gemeinsamen Aktivsein und beim spielerischen Lernen werden ganz unterschiedliche Fertigkeiten und Kompetenzen trainiert. Diese sind im Folgenden in der Kategorie „Fokus" aufgeschlüsselt. Sie reichen von Konzentrationsübungen, über Tätigkeiten, die das Zuhören, Memorieren und Kommunizieren ansprechen, bis zu den Fähigkeiten Reaktionsvermögen oder Fingerfertigkeit.

Auch wenn bei einigen Spielen und Aktivitäten vereinzelt Wettbewerbssituationen entstehen werden, sollen Spaß und Begeisterung sollen die Hauptmotivationsfaktoren für diese Art der Rituale sein.

Zu jedem Spielvorschlag finden Sie im Folgenden außerdem Angaben zum ungefähren Zeitrahmen, den Sie für den Einsatz einkalkulieren sollen sowie Vorschläge für mögliche Spielweisen. Abgerundet werden die Vorschläge durch eine kurze Spielbeschreibung, die den Spielablauf erklärt.

A) Schlappes hat den Hut verloren

Zeitfenster: ca. 10-15 Minuten
Spielweise: Kreisspiel, Stuhlkreis, Sitzkreis
Fokus: Das Spiel fordert aufmerksames Zuhören, Konzentration und Reaktionsvermögen.

Spielbeschreibung: *Schlappes hat den Hut verloren* ist ein klassisches Kreisspiel. Die Schüler finden sich im Sitzkreis zusammen. Dann wird reihum durchgezählt. Der Schüler mit der Nummer 1 ist Schlappes, der Initiator des Spiels.
Das Spiel beginnt mit Schüler 1. Dieser sagt: „Schlappes hat den Hut verloren und Nummer 5 hat ihn."
Schüler Nummer 5 muss daraufhin schnell reagieren mit: „Was ich?"
Dann wieder Schüler 1: „Ja, du!"
Darauf muss Schüler 5 antworten: Ich nicht. Nummer 10 hat ihn!"
Dann geht es mit Schüler 10 weiter: „Was ich?"
Zurück zu Schüler 5: „Ja, du!"
Schüler 10: Ich nicht, Nummer … hat ihn!"
Und so geht es reihum immer weiter. Für einen steigenden Schwierigkeitsgrad kann die Spielgeschwindigkeit immer weiter erhöht werden.

B) Schenkelklopfer

Zeitfenster: ca. 5 Minuten
Spielweise: Stuhlkreis
Fokus: Das Spiel fordert Konzentration und Reaktionsvermögen.

Spielbeschreibung: Die Kinder finden sich im Stuhlkreis zusammen und legen ihre Hände auf den Oberschenkel ihrer beiden Sitznachbarn. Der erste Schüler gibt mit einem Klopfer das Startsignal. Geklopft wird im Uhrzeigersinn. Jeder Schüler muss nun

der Reihe nach das Klopfsignal weitergeben. Wegen der überkreuzten Arme ist dies gar nicht so einfach. Bei zweimaligem Klopfen findet ein Richtungswechsel statt.
Um die Schwierigkeit zu erhöhen, wird das Tempo angezogen.

C) Ups, die Fünf!

Zeitfenster:	etwa 5 Minuten
Spielweise:	Kreisspiel, Stuhlkreis, Sitzkreis
Fokus:	Das Spiel fordert Konzentration, Denk- und Reaktionsvermögen, sowie einfache mathematische Zahlenkenntnisse.

Spielbeschreibung: Die Schüler finden sich im Stuhl- oder Sitzkreis zusammen. Nacheinander werden die Zahlen von z. B. 1-100 reihum durchgezählt. Kommt eine Zahl vor, in der eine Fünf vorkommt (5, 15, 25, 35, 35, 50, 51, ...), müssen die Schüler anstelle der Zahl „Ups!“ sagen. Dies ist die einfachste Variante des Spiels.
Etwas komplizierter und herausfordernder wird es – zur Not kann hier die Geschwindigkeit etwas gedrosselt werden – wenn es auch um Teilbarkeit gehen darf. Dann sind bei der 5er Reihe auch die Zahlen 10, 20, 30 etc. betroffen. Es muss also schon etwas mehr gerechnet werden.
Deutlich schwieriger kann es werden, wenn man anstelle der 5 zum Beispiel die 3 oder 7 verwendet. Im Grunde ist aber jede Zahl denkbar.

D) Kommando Pimperle

Zeitfenster:	etwa 10 Minuten
Spielweise:	am Sitzplatz
Fokus:	Das Spiel fordert Fingerfertigkeit, Reaktionsvermögen und Konzentration.

Spielbeschreibung: Ein Schüler wird zum „Pimperle“ ernannt.
Sie oder er gibt die Spielkommandos. Die anderen Schüler müssen diese Kommandos möglichst zügig ausführen.
Es gibt folgende Kommandos:

- „Kommando Pimperle“ – mit dem Zeigefinger auf die Tischkante klopfen.
- „Kommando Flach“ – die ausgestreckten Hände werden flach auf den Tisch gelegt.
- „Kommando Hoch“ – die ausgestreckten Hände werden hochkant auf den Tisch gelegt.
- „Kommando Faust“ – die Hände werden als Faust auf den Tisch gelegt.
- „Kommando Turm“ – krallenartig werden die Hände auf den Tisch gelegt.

Wichtig: Die Kommandos von Pimperle dürfen nur befolgt werden, wenn zuvor das Wort „Kommando“ gesagt wird. Erfolgt das Kommando nur mit dem Wort „Hoch“, dann darf die Bewegung nicht ausgeführt werden.

Der Schwierigkeitsgrad kann zusätzlich gesteigert werden, indem die Spielgeschwindigkeit angezogen wird.

Alternative (z. B. im Sportunterricht):
- „Kommando Pimperle“ – alle Schüler hüpfen hoch.
- „Kommando Rücken“ – alle Schüler legen sich auf den Rücken.
- „Kommando Bauch“ – alle Schüler legen sich auf den Bauch.
- „Kommando Hocke“ – alle Schüler gehen in die Hocke.
- „Kommando Huckepack“ – zwei Schüler nehmen sich gegenseitig Huckepack.

E) Mein rechter, rechter Platz ist frei

Zeitfenster: etwa 10 Minuten
Spielweise: Kreisspiel, Stuhlkreis, Sitzkreis
Fokus: Das Spiel fordert Fantasie und Beweglichkeit.

Spielbeschreibung: Die Schüler finden sich im Stuhlkreis zusammen. Ein Platz muss zusätzlich frei sein. Der Schüler, der links vom freien Platz sitzt, fängt an mit: „Mein rechter, rechter Platz ist frei und ich wünsche mir den (z. B.) *Peter* herbei.“ Peter antwortet: „Als was soll ich kommen?“ Dann denkt sich Schüler 1 ein Tier aus, als das Peter zu ihm kommen soll und antwortet z. B. „als Hase“. Nun muss Peter zu Spieler 1 hoppeln. Danach fährt derjenige Schüler fort, dessen rechter Platz nun frei geworden ist. So geht es reihum bis jeder Schüler einmal an der Reihe war.

F) Menschen-Memo-Spiel

Zeitfenster: etwa 15 Minuten
Spielweise: –
Fokus: Das Spiel fordert Konzentration und Erinnerungsvermögen.

Spielbeschreibung: Zwei Schüler, die später gegeneinander im Memo-Spiel antreten werden, verlassen den Klassenraum. Sobald die beiden Schüler den Raum verlassen haben, finden sich die anderen jeweils zu Paaren zusammen. Die Lehrperson gibt nun ein Thema vor, z. B. Tiere. Die Schüler einigen sich dann untereinander auf ein bestimmtes Tier. Ein Paar nimmt den Löwen, das nächste die Elefanten, wieder andere die Kuh etc. Wichtig ist, dass kein Tier außerhalb eines Paars doppelt vorkommt, denn sonst funktioniert das Memo-Spiel nicht korrekt. Nachdem sich jedes Paar auf ein Tier geeinigt und sich dieses eingeprägt hat, verteilen sich alle Schüler im Klassenraum auf die Sitzplätze. Nun kommen die beiden Kontrahenten wieder zurück in den Klassenraum und treten gegeneinander im Menschen-Memo-Spiel an. Das Umdrehen der Memo-Karten erfolgt durch Aufrufen der verschiedenen Schüler. Wird ein Schüler angesprochen, steht er auf und nennt seinen Kartenwert (z. B. Tiger). Dann setzt er sich wieder. Das Spiel geht so lange weiter, bis alle Pärchen gefunden sind. Ist ein Pärchen „aufgedeckt“, darf es sich zu dem Spieler stellen, der es korrekt zugeordnet hat. Am Ende wird durchgezählt. Der Spieler mit den meisten Pärchen hat gewonnen.
Man kann den Schwierigkeitsgrad drastisch erhöhen, indem ein Pärchen nicht aus zweimal dem gleichen Wort besteht, sondern zum Beispiel aus Reimpaaren, wie Laus und Maus, Löwe und Möwe etc. . Dies setzt aber ein wenig mehr Vorbereitungszeit voraus.

G) Ping Pong

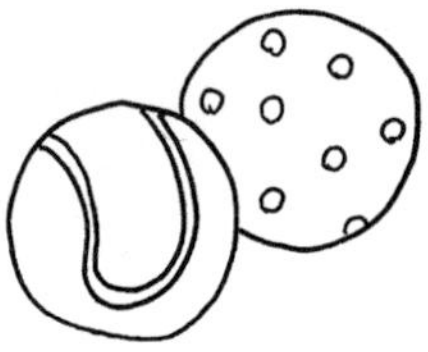

Zeitfenster: etwa 10 Minuten
Spielweise: Kreisspiel, Stuhlkreis, Sitzkreis
Fokus: Das Spiel fordert Konzentration und Reaktionsvermögen.

Spielbeschreibung: Das Spiel wird als Kreisspiel gespielt. Die Lehrperson bereitet zwei Pingpong Bälle vor, die z. B. unterschiedliche Farben haben. Ball eins ist der Ping. Ball zwei ist der Pong. Nun gibt er einem Schüler, der den Ball nach links weitergeben soll, den Ping und sagt: „Das ist der Ping". Der Schüler gibt nun wiederum den Ball an seinen linken Nachbarn weiter und sagt dabei ebenfalls „Das ist der Ping." So geht der Ball reihum auf die Reise. Gleichzeitig aber gibt die Lehrperson einem Schüler zu seiner rechten den Pong und sagt: „Das ist der Pong." Der Schüler gibt nun den Pong ebenfalls an seinen rechten Nachbarn weiter mit den Worten: „Das ist der Pong." Und so geht auch der Pong reihum auf die Reise. Spannend und kompliziert zugleich wird es dann, wenn sich die Bälle ab einem Punkt überkreuzen und die Begrifflichkeiten wechseln.
Der Schwierigkeitsgrad kann durch Erhöhen der Spielgeschwindigkeit angezogen werden.

H) Montagsmaler

Zeitfenster: etwa 15-20 Minuten
Spielweise: am Platz, Tafel
Fokus: Das Spiel fordert Kreativität, Zeichnen, Konzentration und Kombinatorik.

Spielbeschreibung: Einen aktiven Einstieg in die neue Schulwoche, der sich ebenfalls den Mitteilungsdrang der Schüler zu Nutze macht, bietet die bekannte Aktivität „Montagsmaler". Eine Schülerin bzw. ein Schüler kommt nach vorne an die Tafel und zeichnet in abstrakter Form ihr oder sein schönstes oder wichtigstes Wochenenderlebnis. Gesprochen werden darf von der Person an der Tafel natürlich nicht. Die Mitschüler müssen erraten, um welches besondere Erlebnis es sich handelt. Danach wird gewechselt, sodass jeder einmal an die Reihe kommt.

I) Erlebnisse pantomimisch darstellen

Zeitfenster: etwa 15-20 Minuten
Spielweise: am Platz, Tafel
Fokus: Das Spiel fordert Kreativität, Gestik und Mimik, Konzentration und Kombinatorik.

Spielbeschreibung: Bei dieser Aktivität werden von den Schülern der Reihe nach je ein wichtiges Erlebnis, z. B. des vergangenen Tages oder des letzten Wochenendes, pantomimisch dargestellt. Die übrigen Schüler müssen erraten, um welche Aktivität es sich handelt.
Um dieses Spiel als Wettbewerb zu gestalten, können Sie die Klasse in zwei oder mehrere Gruppen einteilen, die dann gegeneinander raten.

J) Stille Post – Variante 1: Der Klassiker

Zeitfenster: etwa 5 Minuten
Spielweise: im Spielkreis, Stuhlkreis, Sitzkreis
Fokus: Das Spiel fordert Konzentration, Hörverstehen und Sprachfertigkeit.

Spielbeschreibung: Die Schüler finden sich im Spielkreis zusammen. Ein Spieler beginnt, indem er sich ein Wort ausdenkt und an seinen linken oder rechten Nachbarn weiterflüstert. Dieser muss das Wort, das er verstanden hat, an seinen Nachbarn weiterflüstern. So geht es reihum bis der letzte Schüler das Wort gehört hat. Dieser sagt es laut vor und es wird verglichen, ob dies das Ursprungswort gewesen ist. Anschließend beginnt das Spiel von neuem mit einem anderen Schüler.

Der Schwierigkeitsgrad kann erhöht werden, indem nicht ein Wort, sondern ein ganzer Satz geflüstert wird.

Da es sich bei Stille Post um ein ruhiges Spiel handelt, bei dem sorgfältiges Zuhören und eine gute Konzentration nötig ist, eignet es sich auch sehr gut in Unterrichtsmomenten, die der Entspannung oder Beruhigung dienen sollen.

TIPP
Chinese Whispers
Im englischen Sprachraum ist das Spiel Stille Post als *Chinese Whispers* bekannt. Im Unterricht lassen sich besonders das Hörverstehen und die Aussprache des Englischen sehr gut spielerisch trainieren und verbessern. Die Vorgehensweise des Spiels ist bekannt. Um das Spiel etwas zu erleichtern, können Sie bestimmte Wortfelder oder Themen (*food, clothing, colours* usw.) vorgeben, damit die Kinder Anhaltspunkte für das gehörte Wort haben.

K) Stille Post – Variante 2: Mimik

Zeitfenster: etwa 5 Minuten
Spielweise: in einer Reihe
Fokus: Das Spiel fordert Konzentration und eine gute Gesichtsmimik.

Spielbeschreibung: Das Spielprozedere läuft genauso wie beim normalen Stille Post Spiel ab. Jedoch werden hier keine Wörter oder Sätze weitergeflüstert, sondern Gesichtsausdrücke weitergegeben.
Damit die anderen Schüler den Gesichtsausdruck nicht von Anfang an erkennen können, findet diese Variante auch nicht als Kreisspiel, sondern in einer Reihe oder Menschenschlange statt. Am Schluss werden beide Gesichtsausdrücke miteinander verglichen.

L) Stille Post – Variante 3: Auf dem Rücken malen

Zeitfenster: etwa 15 Minuten
Spielweise: in mehreren Gruppen
Fokus: Das Spiel fordert Konzentration und Sensitivität.

Spielbeschreibung: In dieser Variante des Stille Post Spiels geben die Schüler „Bilder" weiter, indem sie diese ihrem Vordermann auf den Rücken malen. Das Spiel findet im Wettbewerb statt. Jeweils Gruppen mit etwa 5–6 Spielern (auch 3x8, 3x9 oder 3x10 denkbar, damit die gesamte Klasse gleichzeitig spielen kann) können gegeneinander antreten. Alle erhalten zeitgleich den zu malenden „Bildbegriff" und geben diesen dann jeweils an ihren Vordermann weiter. Ist das Bild bei der vordersten Person angekommen, malt diese das Bild auf einen Zettel. Dann wird vergleichen, ob die Zeichnung mit dem Ursprungsbild übereinstimmt. Pro Übereinstimmung gibt es einen Punkt. Es gibt mehrere Durchläufe.

Zur Vorbereitung müssen einige abstrakte und leicht zu zeichnende Motive erstellt und auf Karten gemalt werden. Einige Beispiele finden Sie auf der Kopiervorlage auf Seite 67.

Lektüreempfehlungen mit zahlreichen Spiele-Ideen:

Hans Hirling (2006). *Das große Buch der 1000 Spiele: Für Freizeiten, Kinder- und Jugendarbeit.* Freiburg: Herder.
Hanns Petillon (2007). *1000 Spiele für die Grundschule: Von Adlerauge bis Zauberbaum.* Weinheim: Beltz.
Almut Bartl (2008). *Fünf-Minuten-Spiele: Für zwischendurch in Grundschulklassen.* Berlin: Cornelsen Scriptor.
http://www.gruppenspiele-hits.de/

Manege frei! – Persönliche Kunststücke vor einem Publikum

5.3 Manege frei!

Wer auch schülerseitige Aktivitäten, die nicht direkt unterrichts- und fachbezogen sind, in seinen Unterricht integrieren möchte, ist mit „Manege frei!" sehr gut beraten. Dieses Ritual gibt Schülern die Möglichkeit, in einem bestimmten Zeitraum eigenes Können vor der Klasse zu demonstrieren. Dabei kann es sich um die verschiedensten Fähigkeiten handeln. Wenn jemand von „close-up magic" oder „street magic" begeistert ist und zaubern kann, kann die Manege für eine kleine Zaubershow für die gesamte Klasse geöffnet werden. Beherrscht ein Kind ein bestimmtes Instrument, kann jonglieren, spielt Footbag (Ballakrobatik mit einem Stoffsäckchen) oder kann besonders gut pantomimisch etwas darstellen, so sind auch dies Bereiche denkbar, die sich für eine Vorführung in der Manege eignen. Denn hier soll den Schülern die Möglichkeiten geboten werden, außerschulische Interessen, die für die Mitschüler relevant sind, vor vertrautem Publikum vorzuführen und die Klasse damit zu begeistern oder dazu einzuladen, ebenfalls an bestimmten Aktivitäten teilzunehmen.

Die Vorbereitung ist relativ einfach, denn alles was man für „Manege frei!" benötigt, ist etwas Platz und Stühle, die in einem Theaterkreis aufgestellt werden, damit jeder die Vorführung der Mitschüler auch gut sehen kann.

Lieder und action songs

5.4 Lieder und action songs

Lieder und action songs (Bewegungslieder) sind im Grundschulunterricht ein wichtiges Hilfsmittel. Denn Lieder, die speziell auf diese Alters- und Zielgruppe zugeschnitten sind, zeichnen sich zum einen durch einfache, kurze, sehr leicht verständliche Sätze aus, die das Verständnis und die Einprägsamkeit durch z. B. viele Wiederholungen oder durch Reimpaare unterstützen. Zum anderen erleichtern simple und eingängige Melodien den Verstehens- und Lernprozess deutlich. Gerade im Anfangsunterricht bietet sich der Einsatz von Liedern an, da das Lesen und Schreiben noch nicht im umfassenden Maß zur Wiederholung und Sicherung von bereits Gelerntem von den Kindern eingesetzt werden kann.

Durch das gemeinsame Singen von Liedern mit dazu passenden Handlungen und Bewegungsabläufen, die in bestimmten Abständen regelmäßig wiederholt werden, lernen die Schüler auf spielerische Weise auch ihre Stimme zu erproben, ein Gefühl für den eigenen Körper und für Bewegungen zu entwickeln, das Gleichgewicht und die Motorik zu schulen und, was sicherlich nicht zu vernachlässigen ist, Spaß und Freude allein und mit ihren Mitschülern beim Unterricht in der Schule zu haben.
Ein Vorteil von Liedern und Bewegungsliedern liegt darin, dass sie nicht auf den Einsatz in einem Unterrichtsfach beschränkt sind, sondern fächerübergreifend und fast zu jedem Zeitpunkt im Unterricht auch spontan eingesetzt werden können. Selbst ein englischsprachiges Lied wie der „Good morning song" ist nicht auf den Englischunterricht beschränkt. Ganz im Gegenteil – er kann zum allmorgendlichen Begrüßungsritual in jedem Unterrichtsfach werden. Im Sportunterricht kann ein action song oder Bewegungsspiel immer auch Teil einer Aufwärmübung sein.

TIPP

Das Lied des Monats

Die Wahl zum Lied des Monats, die nicht von der Lehrperson, sondern von den Schülern selbst durchgeführt wird, stellt in diesem Zusammenhang ein sinnvolles Ritual dar, das der Rückmeldung bzw. dem Feedback dient. Am Ende eines jeden Monats erhält jeder Schüler einen Wahlzettel, auf dem die Lieder, die in diesem Monat gesungen wurden und der Klasse gut gefallen haben, aufgeschrieben werden. Die Liste mit den zur Auswahl stehenden Liedern wird am Tag der Abstimmung gemeinsam im Unterricht erstellt.

Dann werden die Wahlzettel ausgefüllt, einsammelt und ausgewertet. Dabei können 2-3 Schüler als „Wahlhelfer" fungieren. Bei jüngeren Schülern schreiben Sie die entsprechenden Vorschläge an die Tafel, lassen per Handzeichen abstimmen und werten dann die Ergebnisse aus.

Zum Schluss wird das Lied des Monats großformatig ausgedruckt und im Klassenzimmer z. B. an der Pinnwand oder dem schwarzen Brett aufgehängt. Zusätzlich kann das Lied auch für die Schüler noch einmal unter dem Titel „Lied des Monats" für die Liedermappe oder das Portfolio kopiert werden.

Für Sie dient das Ritual zusätzlich dazu, dass Sie wissen, welche Lieder Ihre Klasse mag und auch schon gut kennt. Gerade für eine Schulaufführung oder ein Klassenfest kann dies eine wichtige Information sein. Auch bei einem Lehrerwechsel oder für den Vertretungsunterricht kann sich dies als nützlich erweisen.

Nachfolgend finden Sie eine Auswahl an Liedern, die sich für den Einsatz in den Klassen 1-4 eigenen. Einiges wird Ihnen vielleicht bekannt sein, aber bestimmt wird auch das ein oder andere Lied dabei sein, das Sie in dieser Form noch nicht kannten. Zusätzlich finden Sie zu jedem Song Vorschläge für Einsatzmöglichkeiten in Ihrem Unterricht.

Angesichts des frühen Fremdsprachenunterrichts Englisch erfreuen sich auch zunehmend englische Lieder in jedem Unterrichtsfach der Grundschule großer Beliebtheit. Mit den drei ausgewählten englischen Songs wurden in der Praxis sehr gute Erfolge erzielt. Denn diese Lieder haben pfiffige und flotte Melodien und sind einfach zu erlernen. Darüber hinaus lassen sie sich auch als Bewegungslieder im Unterricht umsetzen. Sie werden von den Schülern mit großer Begeisterung gesungen.

Auch diese Lieder sind nicht auf den Einsatz im Englischunterricht beschränkt. Sie lassen sich ebenfalls fächerübergreifend sehr gut nutzen.

A) Es tanzt ein Bi-Ba-Butzemann

Es tanzt ein Bi-Ba-Butzemann in unserm Kreis herum, dideldum,
es tanzt ein Bi-Ba-Butzemann in unserm Kreis herum.
Er rüttelt sich, er schüttelt sich, er wirft sein Säckchen hinter sich:
es tanzt ein Bi-Ba-Butzemann in unserm Kreis herum.

Aktion: Dieses Lied wird als Kreislied gesungen und gespielt. Ein Kind spielt den Bi-Ba-Butzemann. Die übrigen Schüler bilden einen Singkreis und fassen sich beim Singen bei den Händen. Der Bi-Ba-Butzemann benötigt zum Spielen ein Tuch. Während alle gemeinsam das Lied singen, tanzt der Bi-Ba-Butzemann um den Kreis herum und hält das Tuch hinter sich fest. Zu einem Zeitpunkt seiner Wahl lässt er das Tuch hinter einem Kind fallen. Schafft der Bi-Ba-Butzemann es, den Kreis einmal vollständig zu umtanzen, bevor das betreffende Kind gemerkt hat, das hinter ihm das Tuch fallengelassen wurde, so tippt der Bi-Ba-Butzemann dem Betreffenden auf die Schulter, denn nun ist dieses Kind der Bi-Ba-Butzemann. Bemerkt aber das Kind, dass der Bi-Ba-Butzemann sein Tuch fallengelassen hat, darf es versuchen, den Bi-Ba-Butzemann zu fangen. Gelingt dies, muss dieser versuchen, in einer weiteren Runde sein Tuch unbemerkt hinter einem Mitschüler fallen zu lassen.

B) Grün, grün, grün, sind alle meine Kleider

1. Grün, grün, grün sind alle meine Kleider,
   grün, grün, grün ist alles, was ich hab'.
   Darum lieb' ich alles, was so grün ist,
   weil mein Schatz ein Förster ist.

2. Weiß, weiß, weiß sind alle meine Kleider,
   weiß, weiß, weiß ist alles, was ich hab'.
   Darum lieb' ich alles, was so weiß ist,
   weil mein Schatz ein Bäckermeister ist.

3. Rot, rot, rot sind alle meine Kleider,
   rot, rot, rot ist alles, was ich hab'.
   Darum lieb' ich alles, was so rot ist,
   weil mein Schatz ein Feuerwehrmann ist.

4. Blau, blau, blau sind alle meine Kleider,
   blau, blau, blau ist alles, was ich hab'.
   Darum lieb' ich alles was, so blau ist,
   weil mein Schatz ein Matrose ist.

5. Schwarz, schwarz, schwarz sind alle
   meine Kleider, schwarz, schwarz,
   schwarz ist alles, was ich hab'.
   Darum lieb' ich alles, was so schwarz ist,
   weil mein Schatz ein Schornsteinfeger ist.

6. Gelb, gelb, gelb sind alle meine Kleider,
   gelb, gelb, gelb ist alles, was ich hab'.
   Darum lieb' ich alles, was so gelb ist,
   weil mein Schatz ein Kranführer ist.

7. Braun, braun, braun sind alle meine Kleider,
   braun, braun, braun ist alles, was ich hab'.
   Darum lieb' ich alles, was so braun ist,
   weil mein Schatz ein Landwirt ist.

Aktion: Dieses Lied kann als Kreislied gesungen werden. Dazu fassen sich alle Schüler an den Händen und bilden einen Singkreis. Wenn der Platz nicht ausreicht, können auch zwei Kreise gebildet werden. Beim Singen drehen sich die Kreise abwechselnd mit jeder Strophe im bzw. gegen den Uhrzeigersinn. Während der einzelnen Strophen dürfen diejenigen, die ein Kleidungsstück der besungenen Farbe tragen, in die Mitte des Kreises vortreten und dort individuell tanzen, sich drehen, hüpfen und springen. Am Ende der Strophe kehren die Kinder wieder in die Kreisformation zurück.

C) Drei Chinesen mit dem Kontrabass

1. Drei Chinesen mit dem Kontrabass
saßen auf der Straße und erzählten sich was.
Da kam die Polizei: „Ja, was ist denn das?"
Drei Chinesen mit dem Kontrabass.

2. Draa Chanasan mat dam Kantrabass
saßan aaf dar Straßa and arzahltan sach was.
Da kam daa Palazaa: „Ja, was ast dann das?"
Draa Chanasan mat dam Kantrabass.

3. Dree Chenesen met dem Kentrebess
seßen eef der Streße end erzehlten sech wes.
De kem dee Pelezee: „Je, wes est denn des?"
Dree Chenesen met dem Kentrebess.

4. Drii Chinisin mit dim Kintribiss
sißin iif dir Strißi ind irzihltin sich wis.
Di kim dii Pilizii: „Ji, wis ist dinn dis?"
Drii Chinisin mit dim Kintribiss.

5. Droo Chonoson mot dom Kontroboss
soßon oof dor Stroßo ond orzohlton soch wos.
Do kom doo Polozoo: „Jo, wos ost donn dos?"
Droo Chonoson mot dom Kontroboss.

6. Druu Chunusun mut dum Kuntrubuss
sußun uuf dur Strußu und urzuhltun such wus.
Du kum duu Puluzuu: „Ju, wus ust dunn dus?"
Druu Chunusun mut dum Kuntrubuss.

7. Drää Chänäsän mät däm Känträbäss
säßän ääf där Sträßä änd ärzähltän säch wäs.
Dä käm dää Päläzää: „Jä, wäs äst dänn däs?"
Drää Chänäsän mät däm Känträbäss.

8. Dröö Chönösön möt döm Köntröböss
sößön ööf dör Strößö önd örzöhltön söch wös.
Dö köm döö Pölözöö: „Jö, wös öst dönn dös?"
Dröö Chönösön möt döm Köntröböss.

9. Drüü Chünüsün müt düm Küntrübüss
süßün üüf dür Strüßü ünd ürzühltün süch wüs.
Dü küm düü Pülüzüü: „Jü, wüs üst dünn düs?"
Drüü Chünüsün müt düm Küntrübüss.

D) Die Vogelhochzeit

Text: Die Vögel wollten Hochzeit machen, in dem grünen Walde.
Refrain: Viderallala, viderallala, videralla lala la.

1. Die Drossel ist der Bräutigam, die Amsel ist die Braute.
2. Der Sperber, der Sperber, das ist der Hochzeitswerber.
3. Die Meise, die Meise, die singt das Kyrieeleyse.
4. Der Auerhahn, der Auerhahn, das ist der würd'ge Herr Kaplan.
5. Der Pfau mit seinem bunten Schwanz, der führt die Braut zum Hochzeitstanz.
6. Die Finkelein, die Finkelein, die führen das Paar ins Kämmerlein.
7. Der Uhu, der Uhu, der macht die Fensterläden zu.
8. Der Hahn, der kräht nun: „Gute Nacht". Jetzt wird die Kammer zugemacht.

Aktion: Die Schüler finden sich zu einem Kreisspiel zusammen und bilden mindestens einen Sing- und Tanzkreis. Ein Hochzeitspaar tanzt in der Mitte des Kreises alleine. Außen herum tanzt der Sing- und Tanzkreis mal nach links, mal nach rechts und mal verlassen die Schüler den Tanzkreis und drehen sich alleine im Kreis auf der Stelle. Dann finden sie sich wieder im Kreis zusammen und tanzen gemeinsam Hand in Hand weiter.

Die Kommandos für die Richtungswechsel sowie das Auflösen und erneute Bilden des Tanzkreises können von der Lehrperson aber auch schülerseitig z. B. vom Brautpaar kommen.

E) Spannenlanger Hansel

Spannenlanger Hansel,
nudeldicke Dirn:
gehn wir in den Garten,
schütteln wir die Birn'.
Schüttel ich die großen,
schüttelst du die klein',
wenn das Säckchen voll ist,
gehn wir wieder heim.
Lauf doch nicht so närrisch,
spannenlanger Hans!
Ich verlier' die Birnen
und die Schuh' noch ganz.
Trägst ja nur die kleinen,
nudeldicke Dirn!
Und ich trag den schweren Sack
mit den großen Birn'.

Aktion: Dieses Lied kann ebenfalls als Kreislied gesungen werden. Dazu bilden die Schüler mindestens zwei Tanzkreise, die ineinander liegen. Der äußere Tanzkreis beginnt mit einer Drehung nach links, der innere Tanzkreis beginnt mit einer Drehung nach rechts. Der doppelte Tanzkreis dreht sich also gegenläufig. Auf das Kommando der Lehrperson wechselt die Drehrichtung. Zur Erhöhung des Schwierigkeitsgrades sind auch mehrere ineinander verschachtelte Tanzkreise denkbar, die sich gegenläufig drehen.

Alternative: Eine weitere Variante besteht darin, dass die Schüler sich beim Singen des Lieder frei im Raum bewegen und die einzelnen Aktivitäten des Liedes (Schütteln des Baumes, Sammeln der Birnen, Tragen der Birnensäcke etc.) allein oder mit Partner pantomimisch mit ausdrucksstarker Gestik und Mimik begleiten.

F) Good morning, hi and hello!

Text und Musik: © Jochen Schmidt, Münster

Aktion: Während des Liedes können die Schüler den Tischnachbarn mit Handschlag begrüßen oder einen Gruß per Handschlag reihum durch das Klassenzimmer schicken. Am besten stehen die Kinder zum Singen und zum gegenseitigen Begrüßen auf. Das Lied endet, wenn jeder in der Klasse begrüßt wurde. Wenn das Lied regelmäßig eingesetzt wird und die Kinder mit dem Text vertraut geworden sind, können auch verschiedene Bewegungen zu diesem Lied ausgeführt werden. Bei good morning begrüßen sich jeweils zwei Kinder mit Handschlag, bei hi wird die Hand kurz zum Gruß erhoben und bei hello wird gewunken.

Alternative: Während das Lied gesungen wird, ist ein „Spaziergehen" durch den Klassenraum denkbar. Treffen sich unterwegs zwei Kinder, können sie sich während des Singens z. B. mit Handschlag begrüßen.

G) The pirate song

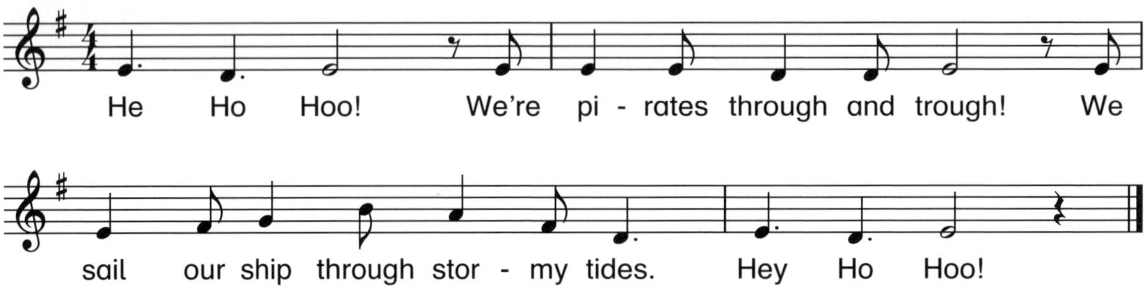

Text und Musik: © Jochen Schmidt, Münster

Aktion: Während die Schüler das Lied gemeinsam singen, ahmen sie die entsprechenden Bewegungen nach. Beim Segeln werden die Arme ausgebreitet und die Schüler schwanken mit ihrem gesamten Körper durch die „Wellen". Beim Schrubben des Decks werden mit den Händen und Armen die Scheuerbewegungen gemeinsam imitiert. In der dritten Strophe fechten die Schüler und schwingen imaginäre Säbel in der Luft. In der vierten Strophe werden das heimliche Stehlen des Goldes und das sich Davonschleichen geschauspielert. In der letzten Strophe werfen die Schüler die Arme in die Luft und führen einen „Freudentanz" auf.

H) Let's get up and let's get moving

Text und Musik: © Jochen Schmidt, Münster

1. Let's get up! Let's get moving! Let's wave our hands and sing along!
   And we'll keep waving our hands until we are done!

2. Let's get up! Let's get moving! Let's nod our heads and sing along!
   And we'll keep nodding our heads until we are done!

3. Let's get up! Let's get moving! Let's shake our legs and sing along!
   And we'll keep shaking our legs until we are done!

4. Let's get up! Let's get moving! Let's bend our knees and sing along!
   And we'll keep bending our knees until we are done!

5. Let's get up! Let's get moving! Let's swing our hips and sing along!
   And we'll keep swinging our hips until we are done!

6. Let's get up! Let's get moving! Let's blink our eyes and sing along!
   And we'll keep blinking our eyes until we are done!

7. Let's get up! Let's get moving! Let's touch our ears and sing along!
   And we'll keep touching our ears until we are done!

8. Now watch out! Now be careful! Let's close our mouths and hum along!
   Hm hm hm hm hm hm hm hm hm hm hm hm hm!

Aktion: Auch dieses Lied lässt sich sehr schön als Kreislied singen. Die Bewegungen (winken, mit dem Kopf nicken, mit den Beinen wackeln, die Knie beugen etc.), die in den Strophen genannt sind, werden von den Schülern während des Singens ausgeführt.

Alternative: Wenn es etwas anspruchsvoller und schwieriger sein darf, ist folgende Variante sinnvoll. Die Schüler bilden einen Sing- und Tanzkreis; ein Kind steht in der Mitte. Beim Singen werden nun aber nicht die besungenen Aktivitäten durchgeführt, sondern das in der Mitte befindliche Kind gibt die Bewegung vor. Diese muss nicht unbedingt mit der in der jeweiligen Strophe vorkommenden Bewegung identisch sein. Bei Abweichungen müssen alle Schüler die vorgeführte Bewegung imitieren, nicht die besungene. Wer eine falsche Bewegung ausführt, ist raus und muss auf seinen Platz zurückkehren.

Weitere Liederwerke für den Einsatz in der Grundschule:

Friedrich Neumann (2005). *Duett – Liederbuch: 173 tolle Lieder für die Grundschule.* Hamburg: Klett.

Reinhard Horn, Rita Mölders und Dorothe Schröder (1999). *KlassenHits: 143 Lieder rund um die Schule. Liederbuch für die Klassen 1 bis 4.* Dortmund: VBE.

Lorenz Maierhofen (2005). *Sim Sala Sing.* Esslingen: Helbling.

Bettina Küntzel (1998). *Songs für die Grundschule. Das Liederbuch für die Klassen 1 bis 6.* Braunschweig u.a.: Schroedel.

Reime und Abzählverse

5.5 Reime und Abzählverse

Da der Grundschulunterricht wichtige Weichen gerade für das Sprachgefühl und insbesondere die Aussprache stellt, sind entsprechende Übungen und Aktivitäten, die sich explizit mit diesen Herausforderungen beschäftigen, von großer Bedeutung. Hierbei kann man sich die Begeisterung der Kinder für das Experimentieren mit Lauten, Klängen, Geräuschen und Rhythmen zu Nutze machen.

Neben Liedern und *action songs* können sich die Schüler in der Regel auch sehr für Reime jeglicher Art begeistern. Ähnlich wie bei Songs unterstützt auch in Reimen der Rhythmus die Memorisierbarkeit sowie die Aussprache.

Fest eingeplante Unterrichtelemente zum Sprechen im Allgemeinen und zur Aussprache im Besonderen, z. B. in Form eines Zeitfensters mit dem Namen „1, 2, 3, 4 – jetzt reimen wir!“ (oder im Englischunterricht mit einer *rhyme time*), haben sich in der Praxis als sehr nützlich erwiesen. Hierbei können Reime, Abzählverse, Zungenbrecher und Scherzgedichte, aber auch *action songs* oder Lieder gemeinsam von den Kindern gesprochen oder gesungen werden.

Erfahrungsgemäß sind die Schüler sehr leicht für diese Formen der Sprache zu begeistern. Auch dem Auswendiglernen der kürzeren, aber auch längeren Verse und Gedichte widmen viele Schüler häufig gerne ihre Zeit. Ein Grund mehr, ein festes Zeitfenster zum Reimen in Ihren Unterricht zu integrieren. Sie werden sehr schnell merken, mit wie viel Freude und Begeisterung Ihre Schüler bei der Sache sind.
Im Folgenden finden Sie drei Kopiervorlagen, die Ihnen entsprechende Textvorschläge zum Einsatz im Unterricht bieten:

A) Traditionelle Abzählverse und Auszählreime

B) Traditionelle Kindergedichte / Scherzgedichte

C) Traditionelle Zungenbrecher

Eins, zwei, drei, vier, fünf, sechs, sieben

Eins zwei drei vier fünf sechs sieben,
eine alte Frau kocht Rüben,
eine alte Frau kocht Speck,
und du bist weg.

Ene mene Miste

Ene mene Miste,
es rappelt in der Kiste,
ene mene Meck,
und du bist weg!

Eins, zwei, drei, vier, fünf

Eins, zwei, drei, vier, fünf,
der Frosch hat keine Strümpfe,
Keine Strümpfe hat die Maus,
und du bist raus!

Ich und du

Ich und du,
Müllers Kuh,
Müllers Esel
der bist du!

Eine Fliege wollt nach Wien

Eine Fliege wollt nach Wien,
fiel jedoch in den Kamin,
brach sich alle Knochen,
lag im Bett acht Wochen,
dann flog sie wieder aus,
und du bist raus.

Eine Kuh, die saß im Schwalbennest

(Gustav Falke)

Eine Kuh, die saß im Schwalbennest
mit sieben jungen Ziegen,
sie feierten ihr Jubelfest
und fingen an zu fliegen.
Der Esel zog Pantoffeln an,
ist übers Haus geflogen.
Und wenn das nicht die Wahrheit ist
so ist es doch gelogen.

Finster war's

(unbekannter Verfasser)

Finster war's, der Mond schien helle
Auf die grünbeschneite Flur,
als ein Wagen blitzesschnelle
langsam um die Ecke fuhr.
Drinnen saßen stehend Leute
schweigend ins Gespräch vertieft,
als ein totgeschossner Hase
auf der Sandbank Schlittschuh lief.

Rabenschnabelschnupfen

(Manfred Kyber (1880-1933))

Die Raben haben Schnabelschnupfen
und scheinen gar nicht wohl zu sein.
in Tücher mit und ohne Tupfen
verpacken sie sich sorgsam ein.
Die Sache ist durchaus bedenklich,
wie man hier leider, leider sieht.
Und auch die Kinder scheinen kränklich
und von erkältetem Gemüt.
Oh, schont euch, hütet euch zu hupfen
und bleibt im Neste weich gewiegt,
dass ihr zum Rabenschnabelschnupfen
nicht auch das Krallenrheuma kriegt!

Vom Riesen Timpetu

(Alwin Freudenberg (1873-1930))

Pst! Ich weiß was. Hört mal zu!
War einst ein Riese Timpetu.
Der arme Bursche hat – oh Graus –
im Schlafe nachts verschluckt 'ne Maus.
Er lief zum Doktor Isegrimm:
„Ach Doktor! Mir geht's heute schlimm.
ich hab' im Schlaf 'ne Maus verschluckt,
die sitzt im Leib und kneipt und druckt."
Der Doktor war ein kluger Mann,
man sah's ihm an der Nase an.
Er hat ihm in den Hals geguckt.
„Wie? Was? Ne Maus habt ihr verschluckt?
Verschluckt 'ne Miezekatz' dazu,
so lässt die Maus euch gleich in Ruh."

Auf den sieben Robbenklippen sitzen sieben Robbensippen,
die sich in die Rippen stippen, bis sie von den Klippen kippen.

Der Flugplatzspatz nahm auf dem Flugplatz Platz.
Auf dem Flugplatz nahm der Flugplatzspatz Platz.

Der Metzger wetzt das Metzgermesser auf des Metzgers Wetzestein.

Die Katze tritt die Treppe krumm,
die Katze tritt die Treppe krumm,
die Katze tritt die Treppe krumm.

Fischers Fritz fängt frische Fische, frische Fische fängt Fischers Fritz.

Hinter Hermann Hannes Haus
hängen hundert Hemden raus.
Hundert Hemden hängen raus
hinter Hannes Hermanns Haus.

6. Kommunikationsrituale – Gemeinschaft bilden und erfahren

Ein wichtiger Bestandteil des erfolgreichen Miteinanders in der Klassengemeinschaft ist eine funktionierende Kommunikation. Die folgenden Ritualvorschläge widmen sich der Etablierung fester Handlungsmuster, die sich auf unterschiedliche Kommunikationsformen und diverse Kommunikationswege berufen. In manchen Bereichen geht es um das sich Hineinversetzen in andere Schüler und das Wahrnehmen unterschiedlicher Rollen und Verhaltensmuster; andere Bereiche dagegen haben eher Feedback-, Informations- oder Wunschcharakter. Die unterschiedlichen Rituale können je nach Bedarf unkompliziert und mit wenig Aufwand in das bestehende Klassengeschehen integriert werden.

Schreibanlässe als Rituale nutzen

6.1 Schreibanlässe

Neben Reflexions-, Erzähl- und Gesprächsanlässen lassen sich bestimmte Rituale auch als Schreibanlässe nutzen. Daher eignen sich diese Aktivitäten eher für die höheren Klassenstufen 3 und 4. Wenn Sie bestimmte Bereiche der vorgeschlagenen Übungen jedoch etwas vereinfachen oder abändern, ist auch ein Einsatz in der zweiten Klasse denkbar.

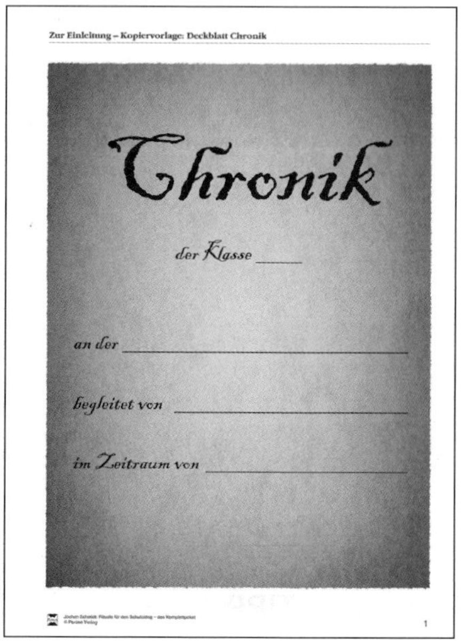
Zur Einleitung – Kopiervorlage: Deckblatt Chronik

Chronik

der Klasse ____

an der ____

begleitet von ____

im Zeitraum von ____

Erfahrungsgemäß benötigen Rituale mit Schreibanlass deutlich weniger Zeit als es auf den ersten Blick scheint; insbesondere dann, wenn die nötigen Vorbereitungsschritte erfolgt sind und die Materialien, wie z. B. die Erinnerungsbox, schon für den Einsatz im Klassenzimmer bereitliegen.

Für die während dieser Schreibrituale fertig gestellten Schülerprodukte gilt natürlich ebenfalls, dass sie sich aufgrund ihres Dokumentencharakters hervorragend für die Klassenchronik, das schülerseitige Klassenbuch (siehe Einleitung) oder das Portfolio eigenen.

Viele der so entstandenen Schriftstücke haben auch Jahre nachdem sie erstellt wurden noch viel Charme und geben einen guten Überblick darüber, wie sich der Verfasser in der dritten oder vierten Klasse gefühlt hat, mit welchen Dingen er sich beschäftigt hat und welche besonderen Ereignisse erlebt wurden.

„Klassenmonster“

A) Ein Brief an das „Klassenmonster“ oder Klassenmaskottchen

Wenn Sie in Ihrer Klasse mit einem „Klassenmonster“ oder einem anderen Maskottchen arbeiten – häufig gibt es Handpuppen oder Begleitfiguren in gängigen Lehrwerken – kann die schriftliche Kommunikation mit diesem Gegenüber ein schöner Schreibanlass sein, dem die Schüler zu bestimmten Zeitpunkten nachgehen. Ein solcher Brief kann am Wochenende, in der Freiarbeitsphase, in der Pause oder auch aus dem Urlaub geschrieben werden.

6. Kommunikationsrituale – Gemeinschaft bilden und erfahren

Auch wenn der Brief z. B. an das „Klassenmonster" adressiert ist, verrät er uns als Lehrpersonen und versteckten Adressaten dieser Briefe, sehr viel über unsere Schüler. Wünsche, Hoffnungen, Freude und Aufregung, aber auch Probleme, Sorgen und Ängste unserer Klasse können ihren Weg in diese Schriftstücke finden. Diese Informationen, mit denen wir verantwortungsvoll, vertrauensvoll und sehr behutsam umgehen müssen, können uns dabei helfen, uns besser in unsere Schüler hineinzuversetzen, Herausforderungen besser einzuschätzen, Lernprozesse individueller zu unterstützen, Ängsten und Unsicherheiten verständnisvoller zu begegnen; kurzum, eine noch aufmerksamere Lehrperson und Ansprechpartner zu sein.

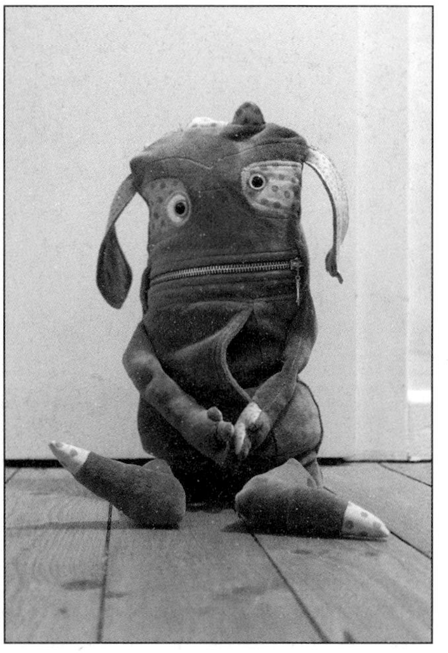

TIPP

Mit individuell gestaltetem Briefpapier, das immer im Klassenraum ausliegt, sowie einer fiktiven Anschrift können Sie dieses schöne Ritual zusätzlich beleben (siehe Seite 82)!

TIPP

Wer ein „Klassenmonster" selbst basteln möchte und nicht allzu ungeschickt mit der Nähmaschine ist, findet im Internet zahlreiche Bastelanleitungen für die eigene Herstellung dieser herrlich lustigen Kreaturen. Den Schülern bereiten diese Identifikationsfiguren immer sehr viel Freude.

Klassenbriefpapier

B) Die Erinnerungsbox

Die Erinnerungsbox ist ein festes Ritual, dass alle Schüler, sobald die nötigen Vorbereitungen getroffen wurden, jederzeit individuell verwenden können. Dazu muss zunächst von jedem Schüler eine Erinnerungsbox entsprechend der Bastelanleitung hergestellt werden. Jedes Kind verfügt über seine eigene Box, die es auch ausschließlich selbst benutzen darf. Aufbewahren können die Schüler diese Box z. B. in ihrem Fach oder auf der Fensterbank.

In dieser Box sammeln die Kinder persönliche Eindrücke, machen sich Notizen oder bewahren wichtige Gedanken auf etc. Dazu liegen im Klassenzimmer passende Erinnerungszettel aus (Begleit-CD), die die Schüler jederzeit verwenden können, wenn ihnen etwas Wichtiges auffällt oder sie eine bestimmte Idee haben, die sie nicht vergessen möchten. Auf den Erinnerungszetteln darf geschrieben, geklebt oder gemalt werden. Den Gestaltungsvorstellungen der Schüler sind dabei keine Grenzen gesetzt. Auch wofür die Box konkret genutzt wird, bleibt den Schülern völlig selbst überlassen.

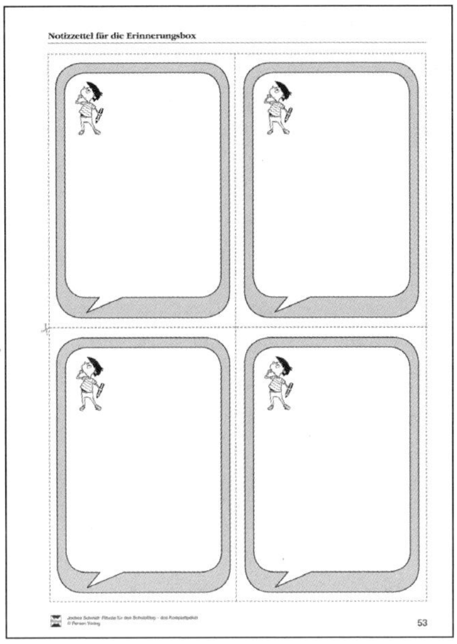

Nur wenn die Kinder damit einverstanden sind, dürfen Mitschüler oder die Lehrperson einen Blick in die Box werfen und gegebenenfalls Fragen stellen.

Da die Boxen nicht über ein Schloss verfügen, ist es Ehrensache und eine Frage des Teamgeistes, dass die Privatsphäre der Mitschüler gewahrt wird.

Bastelanleitung für eine Erinnerungsbox

Benötigt werden eine Blanko Erinnerungsbox (ca. 18x10x10cm) mit Deckel aus stabiler Pappe (Alternativ ein Schuhkarton), Papier zum Bekleben (Geschenkpapier, Zeitungspapier, Glanzpapier o. Ä., Abtön- bzw. Acrylfarbe und Pinsel), eine Schere, Klebstoff, ein schwarzer Filzstift, Verzierungsmaterial nach Wahl, Klarlack (matt oder glänzend).

Die Erinnerungsbox wird zu Beginn mit dem frei gewählten Papier individuell beklebt oder angemalt und dann zum Trocknen abgestellt. Im Anschluss daran wird mit dem schwarzen Filzstift der Name groß und gut lesbar auf die Box geschrieben. Danach kann die Erinnerungsbox noch mit Verzierungen eigener Wahl (z. B. mit Aufklebern, Glanzbildern, Muscheln, Sprüchen, Bändern etc.) weiter ausgestaltet und individualisiert werden.

Für eine bessere Haltbarkeit der Boxen sollten Sie diese nach Fertigstellung mit Klarlack sorgfältig versiegeln. Mit etwas Glück werden die Boxen die Kinder vier Jahre in der Grundschule begleiten. Deshalb müssen die Boxen einiges aushalten können.

Ferienpostkarte

C) Ferienpostkarte

Sehr beliebt, wenn auch für die Lehrperson arbeits- und zeitintensiv, sind die Ferienpostkarten der Schüler an ihre Klassenlehrerin bzw. ihren Klassenlehrer.
Dieses Kommunikationsritual hilft insbesondere während der langen Sommerferien dabei, den Kontakt zu den Schülern und umgekehrt der Schüler zum Lernort Schule und ihrer Klasse nicht aus den Augen zu verlieren.

Erfahrungsgemäß freuen sich die Schüler sehr, wenn sie ihrer Klassenlehrerin oder ihrem Klassenlehrer aus dem Urlaub eine kurze Postkarte schicken dürfen. Auch die jüngeren Kinder tun dies gern, meist mit der Unterstützung ihrer Eltern.
Nach den Ferien ergeben sich aus dieser Kommunikation häufig sehr schöne Gesprächsanlässe, die insbesondere nach einer längeren Phase ohne Schule, den Weg in den Unterrichtsalltag erleichtern können.

Wenn Ihnen das zugegebenermaßen zeitaufwändige handschriftliche Schreiben von Postkarten in Klassenstärke zu anstrengend ist, haben Sie alternativ die Möglichkeit, eine Postkarte (Begleit-CD) oder einen Brief am Computer zu schreiben bzw. zu gestalten und diesen in entsprechender Anzahl auszudrucken sowie zu verschicken. Eine persönliche Unterschrift sollte es aber schon noch geben. Ihre Klasse wird sich bestimmt darüber freuen!

Monatsbilder

D) Monatsbilder

Ein schönes Ritual für schülerseitige Schreibimpulse in Verbindung mit möglichen anschließenden Gesprächsanlässen sind Monatsbilder, die entweder im Klassenzimmer aufgehängt und später in der Klassenchronik archiviert werden können. Dazu wird zu jedem Monatsanfang ein Bild des jeweiligen Monats (siehe Seite 85 sowie Begleit-CD) aufgehängt. Jeden Tag darf nun ein Kind ein Wort auf das Monatsblatt schreiben, das ihm an diesem Tag besonders wichtig ist. Es spielt dabei keine Rolle, ob es sich um ein Substantiv, Adjektiv oder Verb handelt. Die Wahl des Wortes steht den Schülern frei. Auf Nachfrage können die betreffenden Schüler der Klasse und Ihnen erklären, warum das gewählte Wort für sie eine besondere Bedeutung hat. Dadurch, dass an jedem Tag ein anderes Kind auf das Bild schreibt, ist eine gerechte Verteilung der Beiträge garantiert. Damit Sie den Überblick über die Beiträge nicht verlieren, können auch der Name des Schülers sowie das Datum neben das gewählte Wort geschrieben werden.

Wenn Sie die Bilder im Klassenraum aufhängen, ergibt sich ein schöner Jahresüberblick (siehe Begleit-CD).

TIPP
Wenn Sie die nötige Zeit haben, können Sie die Bilder gemeinsam mit Ihrer Klasse farbig gestalten.

Januar

Februar

März

April

Mai

Juni

Juli

August

September

Oktober

November

Dezember

6.2 Soziales und demokratisches Miteinander

Die Flimmerkiste

A) Die Flimmerkiste

Bei der Flimmerkiste handelt es sich natürlich nicht um einen richtigen, funktionierenden Fernseher. Lediglich die Form des Gerätes und die Funktion, Informationen an Zuschauer weiterzugeben, werden übernommen. Denn für den unterrichtlichen Einsatz handelt es sich bei der Flimmerkiste um eine Mitteilungsbox für die Schüler, mittels derer sie Nachrichten und Informationen vor der Aufmerksamkeit der gesamten Klasse bekannt geben können. Hat der Klassensprecher z. B. eine wichtige Mitteilung zu machen, kann er sich die Funktion der Flimmerkiste zu Nutze machen. Auch der Schriftführer kann, wenn es Klassenpost gab oder eine andere wichtige Information seines Ressorts zu übermitteln ist, die Rolle des „Nachrichtensprechers" im Fernsehen übernehmen. Aber auch jeder andere Schüler kann die Flimmerkiste für seine Zwecke nutzen, wenn er der Klasse etwas mitteilen möchte.

Wenn die Flimmerkiste verwendet wird, sollte sie an einer gut sichtbaren Position innerhalb der Klasse, z. B. auf dem Lehrerpult, platziert werden, damit alle Schüler ihren Blick auf die Nachrichten wenden können. Alternativ kann auch ein Theaterkreis vor der Flimmerkiste aufgebaut werden.

TIPP

Werden besonders erinnerungsträchtige Mitteilungen über die Flimmerkiste kommuniziert, können Sie davon ein Foto schießen. Einmal aus der Sicht der Zuschauer, damit der Redner abgebildet ist sowie einmal aus der Sicht des Nachrichtensprechers, damit auch die Zuschauer festgehalten werden. Die Fotos können dann später in der Klasse aufgehängt oder auch in der Klassenchronik (siehe Einleitung) verwendet werden.

Bastelanleitung für die Flimmerkiste

Die Flimmerkiste kann einfach selbst hergestellt werden. Alles was Sie dazu benötigen, ist ein großer Karton, aus dem Sie eine Art „Bildfläche" ausschneiden. Schnell noch ein paar Knöpfe und Schalter aufgemalt (oder geklebt), eine Antenne aus einem alten Kleiderbügel zurechtgebogen und am Karton fixiert, ein bisschen Farbe (schwarz, silberfarben, weiß oder braun) und fertig ist die Flimmerkiste.

Rollenspiele

B) Rollenspiele

Für das Austragen von Konflikten oder Meinungsverschiedenheiten, real oder simuliert, eignet sich die Arbeit mit Masken. Mit dem Aufsetzen der Maske können die Schüler in eine andere Rolle hineinschlüpfen und dann in dieser fiktiven Rolle üben, Konflikte auszutragen. Dabei symbolisiert das Überstreifen der Maske das „Hineinschlüpfen" in eine andere Persönlichkeit. Ebenso soll das Ablegen der Maske nach der Kommunikation mit dem Gegenüber das sich Trennen von der fiktiven Persönlichkeit und das sich vom Konflikt Distanzieren darstellen.

6. Kommunikationsrituale – Gemeinschaft bilden und erfahren

Verkleiden und Schauspiel als Kommunikationsrituale

Erfahrungsgemäß versetzen sich die Schüler gerne in andere Rollen, genauso wie sie sich gerne Verkleiden oder Schauspielern. Diese natürliche Begeisterung können wir uns in diesem Kommunikationsritual zu Nutze machen.

Ist erst einmal der Mechanismus dieses Rituals vertraut geworden, eignet es sich auch, um tatsächliche Konflikte in der Klassengemeinschaft oder zwischen einzelnen Schülern auszutragen (z. B. Eifersucht, Mobbing, Streit). Dabei fungiert die Maske weiterhin als wichtiges Instrument der Kommunikation. Denn auch bei realen Konflikten ist die Maske nicht dazu da, um sich vor dem Konflikt oder seinem Gegenüber zu verstecken. Sie soll lediglich dabei unterstützen, den Konflikt in passendem Rahmen argumentativ auszutragen. Auch das spätere Absetzen der Maske nach der Konfrontation der Gesprächsteilnehmer soll das sich Entfernen vom Konflikt symbolisieren, sodass wiederum eine vernünftige Kommunikation aller involvierten Parteien gewährleistet ist.
Die erforderlichen Masken können Sie gemeinsam mit Ihren Schülern basteln und künstlerisch ausgestalten. Als Grundlage dabei können zum Beispiel ganz simple Papiertüten dienen, in die Löcher für Augen, Nase und Mund geschnitten werden. Diese einfachen Masken können dann bemalt, beklebt und weiter kreativ verziert werden, je nach Lust und Laune der Schüler.

Sockentiere

Alternative: Das Theater spielen mit Sockentieren verfolgt ein ähnliches Ziel: Die Arbeit mit Sockentieren soll die Schüler ebenfalls dazu befähigen, sich in die Positionen und Beweggründe Dritter besser hineinversetzen zu können. Das Kasperletheater hat im Grunde genommen in Teilen eine ähnliche Funktion. Die Dialoge und Handlungen, die die Schüler mit den Sockentieren erarbeiten, können frei gewählt oder von der Lehrperson vorgegeben sei. Aber auch einfach zum Spaß können die Sockentiere, z. B. in der Freiarbeitsphase, von den Schülern eingesetzt werden. Sie dürfen dann die Stimme verstellen, singen, lachen und schreien (wenn es denn nicht allzu laut wird). Ziel bleibt es dabei, das andere Verhaltensmuster ausprobiert und mit anderen Rollen experimentiert wird – ganz unverbindlich und ohne Kontrolle oder Zwänge von außen: Hier bestimmten die Schüler das Programm.

Wunschwolke

C) Die Wunschwolke

Bei der Wunschwolke handelt es sich um ein laminiertes Papier (mindestens im DIN-A4 Format), auf dem eine Gedankenblase/Gedankenwolke gezeichnet ist (Begleit-CD). Darin können die Schüler Wünsche und Gedanken mit ihren Mitschülern teilen. Dazu können sie mittels eines wasserlöslichen Folienstifts entsprechende Wörter oder Bilder zu ihren Wünschen auf die Wolke schreiben bzw. malen. Bei den Mitteilungen kann es sich um den Wunsch nach Ruhe in einer unruhigen oder lauten Unterrichtsphase handeln oder beispielsweise um die Frage nach Unterstützung oder Hilfe.
Im Gegensatz zur Feedbackbox werden hier die Wünsche offen und nicht anonym kommuniziert. Der Vorteil dieser Variante liegt darin, dass die Nachrichten unmittelbar von der Lehrperson sowie den Mitschülern wahrgenommen werden und daher sofort auf die Wünsche und Gedanken der Schüler reagiert werden kann.

D) Die Feedbackbox

Die Feedbackbox ist ein bekanntes Kommunikationsinstrument nicht nur im Bereich der Grundschulpädagogik. Mit ausliegenden Zetteln für Rückmeldungen (positiv wie negativ, Lob und Kritik, Wünschen und Anregungen) ist die Feedbackbox das ideale Medium, um anonym – und damit vielleicht ehrlicher – Feedback zu Inhalten jeglicher Art abzugeben. Auch für den Einsatz im Klassenzimmer eignet sich die Feedbackbox für diese Zwecke.

Wichtig ist, dass die Feedbackbox mit ihrer Funktion als Briefkasten gut erreichbar im Klassenzimmer aufgehängt wird, damit sie jederzeit leicht zugänglich ist. Für den erfolgreichen Einsatz sollten stets Zettel oder kleine Notizblätter in der Nähe zur Verfügung stehen, damit Schüler direkt ihre Nachrichten verfassen und einwerfen können. Gute Erfahrungen wurden mit Notizzetteln in unterschiedlichen Farben gesammelt, wobei die Notizen in grün eher positiv sind, die Notizen in violett leichte, die in rot eher starke Kritik oder sogar Unmut ausdrücken. So lassen sich die einzelnen Beiträge gleich visuell unterscheiden, was die Auswertung etwas erleichtern kann.

Die Feedbackbox sollte in regelmäßigen Abständen geleert werden, damit das Feedback der Schüler zeitnah reflektiert werden kann und gegebenenfalls Veränderungen schnell herbeigeführt werden können.

Bauanleitung für die Feedbackbox

Damit die Feedbackbox möglichst lange hält, sollte sie aus stabiler Pappe oder Karton gebastelt werden. Am einfachsten ist die Herstellung aus einer alten Schuhschachtel. Schneiden Sie dazu einen Briefschlitz in den Deckel der Schachtel, in den die Schüler dann ihre Zettel einwerfen können. Der Schlitz kann entweder komplett als Öffnung ausgeschnitten werden. Sie können aber auch einen U-förmigen Schnitt in den Deckel machen und dann das Mittelteil nach vorne herausklappen, sodass ein „richtiger" Briefkasteneffekt entsteht. Mit Hilfe von zwei Briefklammern wird dann der Deckel, der seitlich an einer Seite der Schuhschachtel angebracht wird so befestigt, dass sich der Deckel wie mit Scharnieren öffnen lässt. Dann müssen Sie nicht jedes Mal die Box zukleben bzw. aufschneiden, um an den Inhalt zu kommen. Eine dritte Briefklammer wird von oben durch Deckel und Schachtel gesteckt, damit die Feedbackbox sich nicht von selbst öffnet. Die Box selbst können Sie mit Reißheftzwecken oder Magneten an die Klassenpinnwand hängen.

Schön bemalt oder beklebt wird die Feedbackbox zu einem Blickfang in jedem Klassenzimmer. Die Zettel für die Feedbackbox können in einer zweiten, kleineren Schachtel, die ebenfalls mit Magneten oder Reißheftzwecken neben der Feedbackbox aufgehängt wird, ausgelegt werden. So sind diese immer griffbereit!

Mir wäre es lieber, wenn …

Ich finde es schlimm, dass …

Wie schön, dass …

Das gefällt mir:

Das gefällt mir überhaupt nicht:

Bitte nicht!

E) Die Wahl- oder Abstimmungsurne

Die Wahlurne ist ein hilfreiches Instrument bei geheimen Abstimmungen und Wahlen im Klassenverband. Mittels vorgefertigter Abstimmungszettel können die Schüler ihre Stimme abgeben oder ihre Meinung zu bestimmten Anfragen anonym mitteilen. Der Einsatz der Klassenurne ist sehr vielseitig und reicht von der Unterstützung bei der Klassensprecherwahl bis hin zu Abstimmungen über mögliche Ausflugsziele bei einem Tagesausflug.

Die Stimmen werden auf den Stimmzetteln festgehalten (Begleit-CD) und dann von der Lehrperson in einer Schale oder einem Beutel eingesammelt und dann vor den Augen der versammelten Klasse ausgezählt. Die Ergebnisse können z. B. an Tafel gut sichtbar für alle mittels einer Strichliste festgehalten werden.

DAFÜR
DAGEGEN
Ich wähle
Ich wähle nicht

DAFÜR
DAGEGEN
Ich wähle
Ich wähle nicht

DAFÜR
DAGEGEN
Ich wähle
Ich wähle nicht

DAFÜR
DAGEGEN
Ich wähle
Ich wähle nicht

Mit den entsprechenden Wahl- bzw. Abstimmungsregeln sorgen Sie für einen reibungslosen und fairen Ablauf der Entscheidungen.

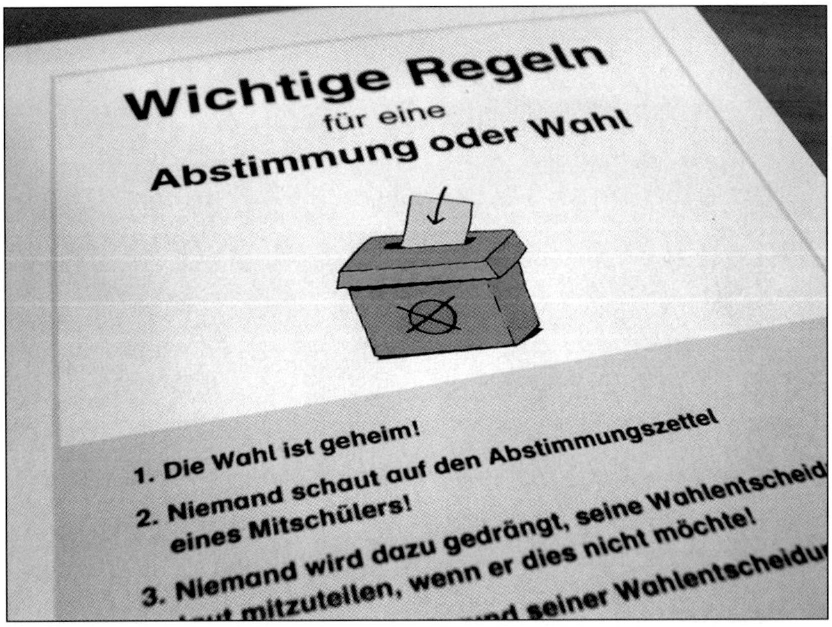

Wichtige Regeln

für eine

Abstimmung oder Wahl

1. Die Wahl ist geheim!
2. Niemand schaut auf den Abstimmungszettel eines Mitschülers!
3. Niemand wird dazu gedrängt, seine Wahlentscheidung laut mitzuteilen, wenn er dies nicht möchte!
4. Niemand wird aufgrund seiner Wahlentscheidung gehänselt!
5. Die Wahlzettel werden nach der Wahl vernichtet.
6. Die Wahlzettel anderer werden nicht vor dem Auszählen geöffnet.
7. Die Wahlzettel anderer werden nicht verändert.
8. Bei der Auszählung der Wahlergebnisse wird nicht gemogelt!

Gemeinsame Aktionen

6.3 Gemeinschaftsaktionen

Ein gemeinsames Frühstück oder eine Lesenacht? Wie Sie auf den folgenden Seiten sehen werden, lassen sich diese Ideen mit ein wenig Planungsgeschick, einer rechtzeitigen Vorbereitung sowie einer guten Absprache mit den Eltern einfach in den Schulalltag einbinden, ohne dass Sie mit der gesamten Vorbereitung und Ausführung alleine belastet werden.

Klassenfrühstück

A) Ein halbjährliches, gemeinsames Klassen-Frühstück

Als festes halbjährliches Ritual, bei dem Sie und die Eltern, aber auch die Eltern sich untereinander besser kennenlernen können, hat sich diese Art des Zusammenkommens und informellen Treffens in der schulischen Praxis sehr bewährt.

Sie sollten möglichst zum Schuljahresbeginn gemeinsam mit den Eltern einen geeigneten Termin für ein gemeinsames Frühstück finden. Erfahrungsgemäß stößt dieser Vorschlag auf Begeisterung und großes Interesse (siehe Seite 94).

Die rechtzeitige Planung und Koordination ist das A und O. Weisen Sie die Eltern Ihrer Schüler direkt darauf hin, dass diese Art von Treffen, z. B. zu einem gemeinsamem Frühstück, nur mit Hilfe aller Beteiligter funktionieren kann. Die Vorbereitung, der Auf- und Abbau benötigt viele Helfer. Tragen Sie frühzeitig Ihren Termin im Lehrerzimmer am schwarzen Brett ein und reservieren Sie entsprechende Räume (Aula, Forum, Schulküche, Klassenraum etc.).

Die folgenden organisatorischen Hinweise für gemeinsame Aktivitäten, wie z. B. für ein Klassenfrühstück, und das Infoblatt als Kopiervorlage können Ihnen bei der Planung und Durchführung des Frühstücks helfen. Sie können das Infoblatt in dieser Form einfach kopieren – oder die Einladungen etwas persönlicher gestalten, indem Sie mit den Kindern zusätzlich Einladungskarten basteln und einen handschriftlichen Text eintragen lassen.

Organisationshinweise:

- ☑ Termin zu Schuljahresbeginn festlegen
- ☑ Termin im Lehrerzimmer am schwarzen Brett eintragen
- ☑ Raum/Räume reservieren (Aula, Schulküche etc.)
- ☑ Einladungen basteln
- ☑ Infoblatt und Einladung an die Eltern senden
- ☑ Auswertung der Infoblätter (Anmeldung): Wer macht was?
  Welche Zutaten fehlen noch? etc.

Auch Menükarten können gemeinsam gefertigt und dann in der erforderlichen Zahl für das Buffet kopiert werden.

Zutaten für ein gemeinsames Klassenfrühstück

Abhängig von der Unterstützung der Eltern, können bei einem gemeinsamen Frühstück mit der gesamten Klasse z. B. Rührei oder Spiegelei, Käse- und Wurstaufschnitt, eine Auswahl an Brötchen, Brot und Toast, verschiedene Brotaufstriche (Butter, Marmelade, Schokokreme etc.) sowie Müsli, Cornflakes und insbesondere gesundes und frisches Obst angeboten werden.

An Getränken können Milch, Kakao und Säfte für die Schüler und Kaffee oder Tee für die Eltern angeboten werden.

Das Infoblatt hilft Ihnen bei der weiteren Organisation des Frühstücks, auch im Hinblick auf die Kalkulation der Mengen an Nahrungsmitteln. So wird das Frühstück für alle Beteiligten ein voller Erfolg ohne Stress und Ärger.

Beim Frühstück nicht vergessen: Machen Sie ein Foto für die Klassenchronik oder das schülerseitige Klassenbuch, um dieses gemeinschaftliche Ereignis zu dokumentieren.

B) Die gemeinsame Lesenacht

Ein schönes Ereignis mit der gesamten Klasse und auch den Eltern der Schüler kann eine gemeinsame Lesenacht sein. Hierzu sind Sie bei der Vorbereitung und Durchführung auf die Hilfe einiger Eltern angewiesen, die auf der Lesenacht die Kinder gemeinsam mit Ihnen betreuen. Der Klassenraum sollte dazu gemütlich hergerichtet werden. Auch wenn die Lesenacht keine Übernachtung im Schulgebäude ist, sollten die Kinder Luftmatratzen oder Isomatten, eine warme Decke und vielleicht auch ein Kissen mitbringen, damit sie es bei der Lesenacht auch schön bequem haben. Wenn der Platz im Klassenraum nicht ausreicht, können Sie die Lesenacht vielleicht im Forum oder in der Aula der Schule abhalten. Auch für etwas zu Trinken und eine Kleinigkeit zu Essen sollte gesorgt werden. Hier können die Eltern helfen.
Begonnen werden kann mit der Lesenacht etwa um 18.00 Uhr. Und wenn alle viel Energie und Geduld haben, dann kann es bis 21.30 Uhr oder sogar bis 22.00 Uhr dauern – je nachdem, wie fit die Kinder sind. Die Dauer sollte vorab mit den Eltern abgesprochen werden. In der Vorbereitungsphase sollten passende Geschichten oder ein Buch ausgewählt werden, dass auf der Lesenacht gelesen werden soll. Vielleicht findet sich sogar ein Oberthema, an dem sich die Lesenacht orientiert.

Für das Lesen sind verschiedene Vorgehensweisen denkbar. Es kann gemeinsam eine Geschichte oder ein Buch gelesen werden oder es werden unterschiedliche Geschichten an verschiedenen Stationen gelesen. Dabei können Ihnen erneut die Eltern helfen. Aber auch die Schüler können sich gegenseitig etwas vorlesen, wenn sie möchten.

Wichtig ist, dass an diesem Abend die Freude am gemeinsamen Lesen im Mittelpunkt steht und alle Beteiligten möglichst viel Spaß haben und entspannt bei der Sache sind. Dann kann die Lesenacht für alle ein unvergessliches Erlebnis werden. Denn wie oft ist man schon nachts in der Schule?! Auch ein Foto für die Klassenchronik oder das schülerseitige Klassenbuch sollte nicht vergessen werden.

Liebe Eltern,
für die genaue Planung des Frühstücks benötige ich noch einige Angaben von Ihnen.

Name des Kindes: ____________________________________

Erreichbarkeit (Telefon): ______________________________

E-Mail: ____

☐ Wir kommen mit _____ Personen. ☐ Wir können leider nicht kommen.

Folgendes würde ich / würden wir gerne essen / trinken:

☐ Rührei oder Spiegelei [Menge: ____________________]
☐ Käseaufschnitt [Menge: ____________________]
☐ Wurstaufschnitt [Menge: ____________________]
☐ Brötchen / Brot / Toast [Menge: ____________________]
☐ Brotaufstrich (z. B. Marmelade) [Menge: ____________________]
☐ Müsli / Cornflakes [Menge: ____________________]
☐ Obst [Menge: ____________________]
☐ Kaffee
☐ Tee [Art: ____________________]
☐ Orangensaft
☐ Milch / Kakao

Folgendes würde ich / würden wir gerne für das Frühstück mitbringen:

☐ Eier [Menge: ____________________]
☐ Käseaufschnitt [Menge: ____________________]
☐ Wurstaufschnitt [Menge: ____________________]
☐ Brötchen / Brot / Toast [Menge: ____________________]
☐ Brotaufstrich (z. B. Marmelade) [Menge: ____________________]
☐ Müsli / Cornflakes [Menge: ____________________]
☐ Obst [Menge: ____________________]
☐ Kaffee / Tee [Menge/Art: ____________________]
☐ Orangensaft
☐ Milch / Kakao

Gerne helfe ich / helfen wir beim:

☐ Einkaufen gehen
☐ Aufbau und Kochen (bitte eine Stunde früher da sein)
☐ Aufräumen und Abbau

Denken Sie bitte auch an ein Gedeck für sich und Ihre Familie.

Ich freue mich sehr, dass Sie bei der Vorbereitung und Durchführung für das gemeinsame Frühstück im Klassenverband helfen können.

Herzliche Grüße,

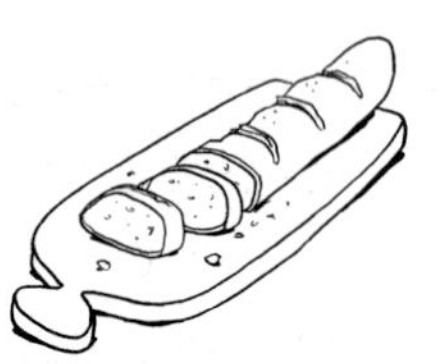

____

7. Entspannungsübungen

Kurze Ruhephasen und Entspannungsübungen sind wichtige Bestandteile des schulischen Unterrichts. Eine Vielzahl von Faktoren, wie z. B. anstrengende Erlebnisse zu Hause oder am Wochenende, Ärger und Streit in den Pausen, schlechte Ergebnisse in einem Test bzw. einer Klassenarbeit oder die generelle Unzufriedenheit mit einer vorausgegangen Stunde können das Unterrichtklima negativ beeinflussen.

7.1 Entspannungsimpulse

Entspannung

Entspannungsrituale helfen uns dabei, Anspannung und Aufregung bei den Schülern zu kanalisieren und zu verarbeiten. Gut platziert und sorgfältig eingesetzt können sie sogar dem Entstehen möglicher Unruhe und damit unproduktiver Unterrichtsphasen vorbeugen. Häufig ist es daher sinnvoll, sich für eine Ruhephase etwas Zeit zu nehmen, denn der Unterricht geht selbst nach einer kurzen Phase der Entspannung – diese muss nicht länger als einige Minuten dauern – meist deutlich besser weiter. Wenn Sie eine Entspannungsecke mit Decken oder Sitzkissen in Ihrem Klassenzimmer haben, bietet sich dieser Ort natürlich für die Übung an. Ansonsten bitten Sie die Kinder in den Sitzkreis. Dann können Sie z. B. ein kurzes Musikstück mit ruhiger Entspannungsmusik abspielen. Dabei bitten Sie die Kinder, die Augen zu schließen und sich völlig auf die Musik zu konzentrieren und sich zu entspannen.

Alternativ kann diese Übung auch am Platz ausgeführt werden. Die Schüler können dann eine bequemere Haltung einnehmen, indem sie ihren Arm auf den Tisch und den Kopf auf die Armbeuge legen.

7.2 Die Gedankenreise als Entspannungsritual

Gedankenreise

Ein schönes Entspannungsritual ist die Gedankenreise. Diese Ruhephase ist allerdings etwas zeitintensiver. Auch hierzu nehmen die Schüler eine entspannte Sitz- oder Liegeposition ein. Dann gehen sie, geleitet durch Ihre Stimme, auf eine Gedankenreise.

Was Sie erzählen, sollte eine beruhigende Wirkung auf die Klasse haben. Dies kann eine einfache Fantasiegeschichte sein, ein Märchen oder tatsächlich eine Reise an einen fantastischen, unbekannten Ort, den sich die Schüler gemäß Ihrer Schilderungen in Gedanken ausmalen können. Dabei sollten Sie eine möglichst einfache Wortwahl und einen eingängigen Satzbau wählen, damit sich die Kinder auf die Gedankenreise einlassen und sich entspannen können. Erfahrungsgemäß sind die Schüler bereits nach einer kurzen Gedankenreise wieder sehr erfrischt.

Hinweise für die Durchführung einer Gedankenreise

Bestimmte formelhafte Wendungen, die Sie bei Bedarf einer jeglichen Gedankenreise voranstellen, können dazu beitragen, dass sich Ihre Schüler bereits durch die Vertrautheit mit der äußeren Form der Reise auf einen Moment der Entspannung einstellen. Gleichzeitig wird durch das spezifische Einstimmen auf die Gedankenreise die Vorstellungskraft geweckt. Eine entspannte Sitz- oder Liegeposition, geschlossene Augen, ruhiges Atmen und das sich Konzentrieren auf die Stimme der Lehrperson sind dabei die wichtigsten Voraussetzungen. Folgende einleitende Elemente sind nach der Ankündigung der Gedankenreise hilfreich:

Formelhafte Einleitungsphase

1. Legt euch bequem auf den Boden und findet eine entspannte Position. Legt die Arme an eure Seite. Streckt die Beine aus. Entspannt euren Hals und Nacken und atmet tief und ruhig ein.
2. Seid während der Gedankenreise bitte ganz still und verhaltet euch völlig ruhig. Es gibt keinen Grund zu reden. Ihr hört ganz entspannt auf den Klang meiner Stimme und auf das, was ich euch erzähle.
3. Atmet dabei ruhig ein und aus. (Mehrfach wiederholen, bis eine entspannte und ruhige Atmosphäre einsetzt.)
4. Und jetzt stellt euch Folgendes vor: ...

Situationen und Anhaltspunkte für Gedankenreisen

Typische Situationen und Anhaltspunkte für Gedankenreisen

Die Gedankenreise sollte sich natürlich mit entspannenden Inhalten und Geschehnissen befassen, die Fantasie und mehrere Sinne ansprechen wie das Hören, Sehen und Fühlen, aber auch das Schmecken (z.B. Salzgeschmack in der Luft am Meer, bei einer Reise den Strand entlang) und inhaltlich nicht zu komplex, sondern greifbar und gut vorstellbar sein.

Ein Gang über eine grüne Wiese mit taufrischem Gras, Geruch von frisch gemähtem Gras, Vogelgezwitscher, im Wind rauschende Blätter und Gräser sowie in der Ferne hörbaren Geräuschen (Läuten von Glocken in einem Kirchturm etc.) kann ein Beispiel einer Gedankenreise sein.

Ebenso ist ein ruhiger Spaziergang barfuss an einem menschenleeren Strand mit Geräuschen der Wellen, dem knirschenden Sand unter den Füßen, Wind, der an der Kleidung und den Haaren zerrt, dem Geruch von Meer und dem Geschmack von Salz auf der Zunge sowie dem vereinzelten Gekreische von Strandmöwen gut denkbar.

7.3 Einfache Entspannungsübungen

Zusätzlich zu kurzen Entspannungsphasen oder der Gedankenreise können auch einfache Entspannungsübungen, in denen sich die Schüler auf bestimmte Sinne konzentrieren müssen oder einmal ganz bewusst „Stillstand" und „Unbeweglichkeit" erleben, impulsartig im Unterrichtsgeschehen eingesetzt werden. Durch diese kleinen Ruheinseln werden den Schülern Möglichkeiten gegeben, kurz wieder „Energie zu tanken", um dann im Anschluss mit frischer Kraft weitere Aufgaben im Unterricht ausgeruht und motiviert in Angriff zu nehmen.

A) Objektkunde

Die Schüler werden dazu eingeladen in völliger Stille durch den Klassenraum zu gehen und sich die zahlreichen unterschiedlichen Gegenstände, die ihnen bei ihrem Weg durch den Raum in den Blick geraten, ganz bewusst anzusehen. Nach einer Weile der stillen Bewegung gibt die Lehrperson ein Signal, z. B. durch das Anschlagen einer Klangschale. Bei dem Signal nehmen die Schüler das derzeitige Objekt des Interesses in die Hand und prägen sich durch absolute Konzentration auf den Gegenstand seine unterschiedlichen Eigenschaften ein. Lässt sich das Objekt, z. B. ein Stuhl, ein Tisch, die Tafel oder die Pinnwand, aufgrund seiner Größe nicht in die Hand nehmen, berühren die Schüler es mit der Hand, streichen darüber und ertasten es sorgfältig. Nach zwei bis drei Minuten nehmen die Kinder eine Ruheposition an ihren Plätzen ein und schließen die Augen. Die Stillphase wird aufgehoben und einige Schüler beschreiben so genau wie möglich den zuvor intensiv wahrgenommenen Gegenstand. Alle anderen hören zu und versuchen sich den Gegenstand vor ihrem geistigen Auge so gut es geht vorzustellen. Bei der Beschreibung des Gegenstandes wird das Objekt selbst nicht mit Namen genannt, sodass sich die Schüler, wenn gewünscht, im Anschluss an die Beschreibung darüber austauschen können, um welchen Gegenstand es sich handeln könnte.

B) Blindes Vertrauen

In dieser Partnerübung werden einem Kind die Augen mit einem Tuch oder einem Schal verbunden. Während der Übung wird nun das Kind mit den verbundenen Augen vorsichtig von seinem Partner durch den Klassenraum geführt. Dabei darf nicht gesprochen werden. Es liegt in der Verantwortung des sehenden Partners, dass dem nicht-sehenden Partner während der Erkundung des Klassenraums nichts geschieht. Es wird langsam und behutsam geführt. So lernen die Schüler sich einander anzuvertrauen. Nach Ablauf einer bestimmten Zeit wird gewechselt.
Wenn Sie im Laufe der Zeit feststellen, dass diese Entspannungsübung Ihren Schülern zusagt, könnten Sie auch darüber nachdenken, gemeinsam mit der Klasse Masken aus Pappmaché zu gestalten, bei denen die Augen verdeckt sind.

C) Das Statuenspiel

Auch hierbei handelt es sich um eine Partnerübung. Ein Schüler formt seinen Partner in eine Statue. Die nun geformte menschliche „Statue" muss so lange und so ruhig wie möglich diese Position halten. Dabei ist es gleichzeitig die Aufgabe des Künstlers, die Statue so zu gestalten, dass diese sich so angenehm wie möglich in der geformten Position befinden kann. Danach wird gewechselt.

Um Abwechslung zu gewährleisten, sind als Aufgabe unterschiedliche Themen, z. B. Sport oder Tierwelt, denkbar.
Bei diesem Entspannungsspiel lernen die Schüler ihren Körper besser kennen und erfahren, in welchen unterschiedlichen Körperhaltungen sie sich eher entspannen können und in welchen Körperhaltungen sie Anstrengung oder Anspannung erfahren. Diese Erfahrungen können sie anschließend bewusst oder unbewusst in andere Situationen übertragen.

D) Auf dem Rücken malen

Ähnlich einer Massageübung werden hier, erneut in Partnerarbeit, einander gegenseitig Zeichen, Buchstaben, einfache Bilder oder kurze Wörter mit dem Finger auf den Rücken gemalt bzw. geschrieben. Dazu nimmt ein Kind eine bequeme Liegeposition, z. B. auf dem Leseteppich oder wenn möglich auch auf dem eigenen Schultisch, ein. Der Partner malt dem Kind nun langsam und vorsichtig bestimmte Dinge mit dem Finger auf den Rücken. Die Schüler, die gerade in entspannter Position „bemalt" werden, müssen sich sehr genau konzentrieren, denn sie sollen herausfinden, was ihnen auf den Rücken gemalt oder geschrieben wird.
Als Einstieg bzw. Hilfestellung können die einfachen Zeichen auf Seite 67 verwendet werden, die sonst bei der Variante des Spiels „Stille Post" zum Einsatz kommen.

E) „Massageübung" mit einem Tennisball/Noppenball

Hierbei handelt es sich um eine einfache „Massage"- bzw. Berührungsübung bei der sich je zwei Schüler abwechselnd vorsichtig den Rücken mit einem Tennisball oder einem Noppenball „massieren". Die Wirbelsäule ist dabei absolute Tabuzone. „Massiert" bzw. berührt wird vorsichtig mit sanften, kreisenden und rollenden Bewegungen. Der Massierende muss sich sehr gut auf den Partner konzentrieren und behutsam mit ihm umgehen. Dazu kann ruhige und entspannende Musik gespielt werden.

F) Handmassage

Eine leichte und einfach durchzuführende Massageübung, die bereits einige Schüler gegebenenfalls aus dem Kindergarten kennen, ist die Handmassage. Dabei massieren sich zwei Schüler in Partnerarbeit vorsichtig gegenseitig an den Händen. Zwei Reflexzonenbereiche sind hier besonders sensibel. Zum einen die Mitte des Handtellers sowie die Mitte des Muskels zwischen Daumen und Zeigefinger. Mit leichten, kreisenden Streichbewegungen können diese Bereiche der Hand massiert werden. Dies ist angenehm und entspannt. Während der Massageübung, die am Sitzplatz durchgeführt werden kann, können Sie zusätzlich beruhigende Entspannungsmusik einsetzen.

Lesezeiten als Ruhephasen

7.4 Lesezeiten zum Ausruhen

In vielen Klassen gehört eine Leseecke, vielleicht sogar eine kleine Klassenbücherei oder -bibliothek zum Schulalltag. Die Ausleihe aus der Klassenbücherei ist dann ein wichtiger Bestandteil in der Grundversorgung der Schüler mit adressatengerechter Literatur. Was aber mindestens ebenso wichtig ist wie eine funktionierende Klassenbücherei sind feste Lesezeiten, die in den Unterrichts- und Schulalltag fest eingeplant und entsprechend eingebettet sind.

7. Entspannungsübungen

Freies Lesen

Wenn Sie mit dem Unterrichtssystem der Freiarbeit vertraut sind und dieses in Ihrem Unterricht einsetzen, kann eine Freiarbeitsstation die des freien Lesens sein. In dieser Zeit können Schüler auf den Fundus der Klassen- oder Schulbibliothek oder auf von zu Hause mitgebrachte Bücher zurückgreifen. Welches Genre oder welches Format (Kinderbuch, Bilderbuch, Comic, Zeitschrift, Graphic Novel etc.) spielt dabei keine Rolle. Wichtig ist, dass sich die Schüler während dieser Zeit mit dem Lesen von Texten beschäftigen.

Zusätzlich sind feste, regelmäßige Lesezeiten, die gemeinsam in der Klassengemeinschaft erfolgen, für die Schüler sehr wichtig. Hier können sie entweder individuell ihrem derzeitigen Lesevergnügen nachgehen oder gemeinsam mit anderen eine Geschichte oder ein Comic lesen und sich anschließend darüber unterhalten. Über die regelmäßigen Lesezeiten können Sie ein festes Leseritual erschaffen, dass im Laufe der Zeit durch seine Regelmäßigkeit zu einem natürlichen Prozess führt, der das Lesen und das sich mit Büchern Beschäftigen zu einer unbedingten Selbstverständlichkeit werden lässt. Sie werden feststellen, dass Sie nach einer gewissen Zeit die Schüler nicht einmal mehr ausdrücklich zu einer Lesezeit werden einladen müssen, so selbstverständlich und alltäglich – im positiven Sinne – wird ihnen das Lesen geworden sein.

Gemeinsames Lesen oder Vorlesen durch Lehrperson

Eine schöne Abwechslung zum individuellen leisen oder lauten Lesen kann das gemeinsame Lesen sein, ebenso wie das Vorlesen durch die Lehrperson und das Zuhören der Kinder. Dies unterstützt insbesondere den Bereich des Hörverstehens, fördert außerdem das Konzentrationsvermögen und regt die Fantasie und Vorstellungskraft der Schüler an. Für die Lese- bzw. Zuhörübung sollten sich die Kinder im Sitzkreis oder im Stuhlkreis zusammenfinden. Viele Bücher für junge Leser gibt es in großformatigen Ausführungen. Mit diesen Büchern können Sie sicherstellen, dass alle Kinder die Bilder zur Geschichte gut sehen und der Erzählung besser folgen können, auch wenn sie nicht immer alles gut verstehen. Alternativ können Sie die Bilder auch mit dem entsprechenden Equipment an die Wand projizieren. Die Unterstützung des Gehörten über die visuelle Ebene ist für die Schüler gerade am Anfang sehr sinnvoll.

8. Verabschiedungen und Rückmeldungen

Verabschiedungs-rituale

Ähnlich wie der Wochenanfang ist auch das Ende der Schulwoche ein Zeitpunkt, der sich für kurze Reflexionsanlässe und Fragen, aber auch für bestimmte Verabschiedungsrituale eignet. Hier haben Sie beispielsweise die Möglichkeit, die Schüler rückblickend zu fragen, wie ihnen die vergangene Woche gefallen hat (siehe Wochenbarometer, Seite 113). Dabei können Sie je nach Frageweise auf unterschiedliche Lerninhaltliche oder methodische Bereiche abzielen und so herausfinden, ob bestimmte neue Sachverhalte gut verstanden wurden oder ob bestimmte Aufgabentypen von den Schülern positiv oder negativ wahrgenommen wurden. Die so genannte „Zeitreise" gibt den Kindern die Möglichkeit, bestimmte Aktivitäten oder Übungen hervorzuheben, die ihnen besonders gut gefallen haben. Entsprechende Informationen können Sie gut in Ihrem Evaluationsbogen eintragen (siehe Einleitung, Seite 9). Außerdem kann dies auch der Zeitpunkt sein, an dem Sie bestimmte Rituale aus dem Unterricht noch einmal aufgreifen: Z. B. können Sie den Song des Monats wählen (siehe Seite 69) oder auf den aktuellen Punktestand der Klassenkönigin bzw. des Klassenkönigs hinweisen (siehe Seite 126).

Wichtig ist, dass ähnlich wie die Begrüßung und der Neubeginn einer Woche auch das Ende einer Arbeitswoche oder Arbeitsphase durch bestimmte Rituale begleitet und dadurch von den Schülern bewusst erlebt wird.

8.1 Verabschiedungsrituale zum Ende des Unterrichts

Ebenso wichtig wie die Begrüßung ist die Verabschiedung zum Ende des Unterrichts. Das sich Verabschieden kann ebenfalls mit einem Kreisspiel oder einem gemeinsamen Singen im Stuhl- oder Sitzkreis beendet werden. Vorschläge für mögliche Verabschiedungsrituale finden Sie auf den folgenden Seiten.

Zum Ende der Stunde bietet sich aber auch die Möglichkeit, noch einmal zum Verlauf der Stunde Stellung zu nehmen oder sich bei den Schülern z. B. für die gute Mitarbeit zu bedanken (z. B. mit der „Danke für die gute Mitarbeit" Karte, siehe Begleit-CD).

Wenn es sich um eine besonders konzentrations- und arbeitsintensive Stunde gehandelt hat, empfiehlt sich der Abschluss des Unterrichts mit einer kurzen Entspannungsübung oder Ruhephase, damit die Schüler wieder fokussiert und ausgeruht in die nächste Unterrichtsstunde gehen können. Die Gedankenreise (siehe Seite 95f) oder eine kurze Phase mit Entspannungsmusik können Ihnen dabei helfen.

8. Verabschiedungen und Rückmeldungen

A) Internationale Verabschiedungen

Ähnlich wie bei den internationalen Begrüßungen (siehe Seite 50), können Sie die Klasse natürlich auch dazu animieren, sich in verschiedenen Sprachen voneinander zu verabschieden.
Auch diese Verabschiedung kann im Stuhlkreis, vom Platz aus oder aber auch als freie Aktivität im Klassenraum durchgeführt werden.

Mögliche Verabschiedungsvarianten können sein:

Englisch:	Goodbye / Bye!
Französisch:	Au revoir!
Spanisch:	¡Hasta luego!
Italienisch:	Arrivederci!
Türkisch:	Güle güle!
Niederländisch:	Doei! / Tot ziens!
Russisch:	Пока! [paká]
Polnisch:	Do widzenia!
Japanisch:	さようなら [Sayounara!]

B) Tierisches Verabschiedungsritual auf Englisch

Im Englischen gibt es eine ganze Reihe an lustigen Verabschiedungsformen mit Verweis auf die Tierwelt (Seite 103f). Für den frühen Fremdsprachunterricht Englisch eignen sich diese Verabschiedungen natürlich allein schon wegen des Vokabulars aus der Tierwelt. Aber auch als eine interessante Variante für den Kompetenzbereich des interkulturellen Lernens eigenen sich diese Verabschiedung, wenn sie einmal für die Schüler fruchtbar gemacht wurden und im Klassenraum etabliert worden sind.
Gerade wegen der Reimstruktur, der eingängigen Sprachmuster und der Kürze eignen sie sich bereits ab der zweiten oder dritten Klasse. Die Schüler sind meist mit viel Spaß bei der Sache und nicht selten sind die Verabschiedungen in kürzester Zeit gelernt und man hört sie sogar hier und da außerhalb des Unterrichts.
Für eine mündliche Verabschiedung können Sie den ersten Teil des Reims sprechen, die Klasse antwortet dann im Chor.

Bye, bye, …	…butterfly!
See you later, …	…alligator!
See you soon, …	…racoon!
Take care, …	…polar bear!
Out the door, …	…dinosaur!
Time to go, …	…buffalo!

butterfly – Schmetterling, alligator – Alligator/ Krokodil, racoon – Waschbär, dinosaur – Dinosaurier, buffelo – Büffel

Eine schöne Variante sind die Grußkarten, die die Schüler selbst ausmalen können. Zusätzlich erhalten die Grußformen auch noch eine visuelle Komponente, die die Botschaft der Sprüche verstärkt.

Wenn für diesen Abschiedsgruß etwas mehr Zeit zur Verfügung steht, können die Schüler gegenseitig schriftlich einen persönlichen Gruß, freundliche Wünsche oder ein nettes Wort mit auf die Karte (evtl. auf die Rückseite) schreiben. Für das Schreiben der Abschiedsgrüße und das Finden der passenden Adressaten können Sie den Schülern entweder freie Hand bei der Auswahl lassen oder aber durch Losverfahren oder Anweisungen wie „Schreibt eurem Tischnachbarn eine kurze Nachricht" oder „Schreibt euch innerhalb eurer Tischgruppe eine kurze Nachricht" bestimmte Partner zuweisen.

Bye, bye, butterfly.

To: ____________________

From: __________________

I'm out of here, white-tailed deer.

To: ____________________

From: __________________

Be sweet, parakeet.

To: ____________________

From: __________________

Take care, polar bear.

To: ____________________

From: __________________

Peace out, river trout.

To: ____________________

From: __________________

Farewell, gazelle.

To: ____________________

From: __________________

Blow a kiss, jellyfish.

To: ____________________

From: __________________

Good luck, silly duck.

To: ____________________

From: __________________

Time to go, buffalo.

To: ____________________

From: __________________

butterfly – Schmetterling, deer – Reh, parakeet – Sittich, polar bear – Eisbär, river trout – Flussforelle, gazelle – Gazelle, jellyfish – Qualle, duck – Ente, buffalo – Büffel,

Best wishes, little fishes.

To: ______________________

From: ______________________

Give a hug, ladybug.

To: ______________________

From: ______________________

See you soon, racoon.

To: ______________________

From: ______________________

Another time, porcupine.

To: ______________________

From: ______________________

See you later, alligator.

To: ______________________

From: ______________________

Out the door, dinosaur.

To: ______________________

From: ______________________

Keep it real, spotted seal.

To: ______________________

From: ______________________

So long, King Kong.

To: ______________________

From: ______________________

And bye, said the fly.

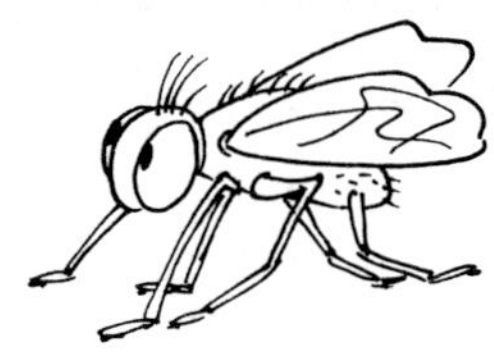

To: ______________________

From: ______________________

fish – Fisch, ladybug – Marienkäfer, racoon – Waschbär, porcupine – Stachelschwein, alligator – Alligator, Krokodil, dinosaur – Dinosaurier, seal – Robbe, fly - Fliege

C) Eine Verabschiedung bewusst machen

Bewusste Verabschiedung

Um die Sensibilität für das Ende eines Zeitabschnittes zu steigern und einen Abschied bewusst zu machen, kann auch eine Verabschiedung ausgehend von einem lehrerseitigen Impuls erfolgen, die das Augenmerk darauf lenkt, dass man sich nun für eine gewisse – wenn auch nur kurze – Zeit nicht sehen wird. Dies kann ein umfassenderes Verabschiedungsritual anlässlich bevorstehender Ferien aber auch vor einem verlängerten Wochenende sein, an dem sich die Klasse nicht in der Schule sehen wird.
Zu einem solchen Verabschiedungsritual können Sie mit der Klasse in einem Sitzkreis zusammenkommen. Nun kann sich jeder ganz bewusst noch einmal von seinen Mitschülern mit einem persönlichen Wort verabschieden oder Wünsche für die nun bevorstehende Zeit aussprechen. Auch Sie können diese Gelegenheit nutzen, der Klasse für die bisher geleistete Arbeit zu danken und Ihren Schülern ebenfalls Wünsche für die kommenden Tage und Wochen mit auf den Weg zu geben.
Natürlich können Sie in diesem Zusammenhang auch mit dem Stimmungsbarometer arbeiten und die Klasse bitten, ihre Befindlichkeit noch einmal abschließend mitzuteilen.

Alternative: Für die Arbeit mit den so genannten Emotionsschalen benötigen Sie Steine in zwei unterschiedlichen Farben jeweils in Klassenstärke – am besten schwarz und weiß –, eine Aufbewahrungsbox für die Steine sowie zwei Schalen, die jeweils die gesamte Menge Steine aufnehmen können.
Nun kann mittels dieses Instruments eine Polaritätsevaluation zur Aufbruchstimmung vorgenommen werden. Dazu wird die Frage nach dem Gefühl hinsichtlich des Aufbruchs, der bevorstehenden Ferien oder des verlängerten Wochenendes gestellt und dann durch Platzieren des jeweiligen Steines in einer der beiden Schalen von den Schülern angezeigt. Während die Schüler nun jeweils ihren gewählten Stein in die jeweilige Schale legen, erzählen sie, was ihnen dabei durch den Kopf geht bzw. wie sie sich in diesem Augenblick fühlen und warum.
Dieses Ritual hat ebenfalls eine hohe emotionale Komponente, die das Wir-Gefühl und das Gefühl der Vertrautheit und Offenheit innerhalb der Klassengemeinschaft stärken kann und Ihnen zeitgleich einen Überblick über die Eindrücke Ihrer Klasse vermittelt.

D) Verabschiedung in Form von persönlichen Wünschen

Ich-Botschaften

Eine schöne Form der Verabschiedung kann auch durch Ich-Botschaften oder persönliche Wünsche stattfinden. Dazu suchen sich die Schüler jeweils eine Kontaktperson, der sie gerne eine persönliche Mitteilung oder ein freundliches Wort zum Abschied mit auf den Weg geben möchten. Die Wahl dieser Person kann von den Schülern oder der Lehrperson ausgehen oder dem Zufall überlassen werden. Letzteres könnte über die persönlichen Wunschkarten geschehen, die Sie in passender Anzahl vorbereiten sollten. Jeder Schüler beschriftet eine Karte auf der Rückseite mit seinem Namen und legt sie in einen Beutel. Dann wird reihum gezogen. Auf diese Weise findet jeder einen passenden Ansprechpartner.
Dieses Ritual hat eine hohe soziale und emotionale Komponente und kann den Klassenzusammenhalt stärken.

Ein persönlicher Wunsch

von ....

für ....

Ein persönlicher Wunsch

von ....

für ....

Ein persönlicher Wunsch

von ....

für ....

Ein persönlicher Wunsch

von ....

für ....

8.2 Rituale, Gesprächsanlässe und Fragen zum Wochenende

A) Die Zeitmaschine

Zeitreise mittels der „Zeitmaschine"

Was war der schönste Moment der vergangenen Woche? Was hat mich am stärksten beeindruckt oder mir am meisten Spaß gemacht? Mit dem Instrument der „Zeitmaschine", also der Zeitreise (siehe Seite 108), können Sie gemeinsam mit den Schülern den schönsten Moment der vergangenen Woche oder des vergangenen Monats noch einmal Revue passieren lassen. Dadurch werden Erinnerungen frisch gehalten, vergangene Ereignisse neu belebt und das „Wir-Gefühl" der Klassengemeinschaft gestärkt.

Für die Durchführung dieses etwas umfassenden Rituals benötigen Sie definitiv eine gehörige Portion Zeit und Fantasie, denn mit der Zeitmaschine reisen Sie mit der gesamten Klasse an einen bestimmten Punkt in der Woche zurück, der für die Schüler prägend war. Dazu versuchen Sie gemeinsam mit den Schülern diesen Punkt zu rekonstruieren, d. h., der Ort des Geschehens oder der Handlung, meist das Klassenzimmer oder ein bestimmter Punkt des Schulgebäudes, wird in Gedanken aufgesucht. Dabei versucht jedes Kind, sich so gut wie möglich daran zu erinnern, wo es sich zu diesem Zeitpunkt befunden hat, was es zu diesen Zeitpunkt gerade getan, gedacht oder gefühlt hat. Während dessen achten die Schüler nicht nur auf sich selbst, sondern auch auf ihre Mitschüler, denn sie versuchen nicht nur alleine, sondern gemeinsam diesen einen Moment in der Zeit zu rekonstruieren.

Angeleitet werden kann dieses Prozedere durch Impulsfragen der Lehrperson, die dazu dienen, den bereisten Ort so genau wie möglich für einen kurzen Moment wieder zu erschaffen.

sich erinnern und bewusst machen bestimmter Momente

Ziel ist es dabei, den Schülern die Wichtigkeit von dem Prozess des „sich Erinnerns" und des sich bestimmter Momentaufnahmen „bewusst Werdens" erfahrbar und erlebbar zu machen. Auch der Sinn für das Detail sowie die Feinheiten und Nuancen bestimmter Erlebnisse werden dabei geschult.

Als Erinnerung an diesen Moment oder dieses Erlebnis kann dann z. B. ein Foto von allen Beteiligten gemacht werden. Eingebettet in das übergeordnete Thema der Zeitreise kann das Foto, wenn Sie über die digitalen Möglichkeiten verfügen, mit einem Bildprogramm bearbeitet werden, entweder in schwarz-weiß oder den derzeit sehr beliebten Sepia Tönen, die allein über die Ästhetik des Bildes Nostalgie und vergangene Zeit implizieren.

Diese Bilder können dann großformatig in der Klasse aufgehängt werden oder als schöne Erinnerung Teil der Klassenchronik werden.

Auch in die thematisch passende Kopiervorlage können Sie das Foto einbetten.

TIPP

Als Einstimmung auf die Zeitreise können Sie zur visuellen Unterstützung z. B. die Klassenuhr einmal rückwärts drehen oder den Kalender zurückblättern, bis der Zeitpunkt in der Vergangenheit erreicht ist. Dies hilft den Schülern bei diesem tollen Gedankenexperiment.

Die Erinnerung ______________________________

am ________________ **in** ______________________

Kalenderblatt – „Endlich Wochenende!“

B) „Endlich Wochenende!“

Wer kennt das nicht. Eine anstrengende Unterrichtseinheit, bei der viel Konzentration und Arbeitseinsatz gefragt ist, hat bei der Zielgruppe einen großen Teil der Energie- und Kraftreserven für den heutigen Unterrichtstag aufgebraucht. Schnell muss ein positiver Motivator her, der die Schüler aber dennoch sinnvoll beschäftigt. Mit dem Ausblick auf das kommende Wochenende, der auf dem Kalenderblatt schriftlich fixiert wird, können Sie die Klasse auch nach anstrengenden Unterrichtsphasen noch sehr gut motivieren.
Wenn die Notizzettel in entsprechender Anzahl vorbereitet sind, lässt sich dieses Schreib- und Reflexionsritual gut umsetzen. Mit der Freude auf das Wochenende sind die Schüler oft schnell abgelenkt und überwinden im produktiven Verschriftlichen von Wünschen und Hoffnungen für das bevorstehende Wochenende ihre derzeitige Angestrengtheit.
Eingesammelt eigenen sich diese kurzen schriftlichen Dokumentationen dann wiederum am nächsten Wochenbeginn oder -ende als Gesprächsanlass: Welche der beschriebenen Dinge sind tatsächlich eingetroffen? Was wurde tatsächlich am Samstag und Sonntag erlebt?

Auch der Wochenendplan eignet sich sehr gut für die Klassenchronik, wenn z. B. besonders orignelle Beiträge archiviert werden. Eine Archivierung im Portfolio oder im schülerseitigen Klassenbuch ist ebenfalls denkbar. Für die Schüler wird es einmal sehr spannend sein herauszufinden, mit welchen Dingen und Aktivitäten man sich in der dritten oder vierten Klasse, als man noch „ganz klein war“, beschäftigt hat.

Alternative: Natürlich eignet sich dieses Ritual auch in abgewandelter Form für weitere Schreib- oder Reflexionsanlässe. Positiv reagiert haben die Schüler oft auf die Variante des „Traumwochenendes“ oder des „Wunschwochenendes“, bei dem sie ein Wochenende für sich und ihre Familie oder für sich und ihre Freunde erträumen konnten, bei dem keine zeitlichen, räumlichen oder finanziellen Grenzen gesetzt wurden und bei dem alles Erdenkliche möglich war.

Samstag

Samstag

Sonntag

Sonntag

C) Verarbeitung der vergangenen Woche in Bildform

Ebenfalls als Reflexionsleistung hinsichtlich vergangener Ereignisse können die Schüler zum Abschluss der Schulwoche ihre Erlebnisse in Form eines Bildes festhalten. Die Gestaltung des Bildes liegt dabei völlig frei in den Händen der Schüler. Es kann gemalt, geklebt, gebastelt oder ausgeschnitten werden. Durch einen hübschen Rahmen (Begleit-CD) erhält das Bild ein besonderes Gewicht.
Je nachdem wie viel Zeit für diese Aktivität zu Verfügung steht, können auch komplexere Anweisungen mit dem Herstellen des Bildes verbunden werden. Wenn bestimmte Themen in der kommenden Woche aufgegriffen werden sollen, können die Bilder in der Klasse aufgehängt und dann als Gesprächs- oder Reflektionsanlass mit einer umfassenden Besprechung eingesetzt werden.
Andernfalls können die Bilder auch als Teil der Klassenchronik oder individuell im Portfolio abgeheftet und archiviert werden.

D) Das Wochenendelfchen

Auch in kreativ schriftlicher Form kann dem kommenden Wochenende begegnet werden. In einem Elfchen zum Wochenende (Begleit-CD) dichten die Schüler über ihre Pläne und Wünsche während des kommenden Wochenendes.
Mit der Form des Elfchens sind die Schüler meist in der zweiten Klasse bereits vertraut. (Ein Elfchen ist ein Gedicht, das aus elf Wörtern, verteilt auf fünf Zeilen, besteht. Die Wörter müssen sich nicht reimen.) Hilfestellung kann in Form von Tipps zu möglichen Wörtern gegeben werden. Bei der konkreten Themenwahl haben die Schüler jedoch völlig freie Handhabe.
Die Elfchen können abschließend verlesen oder an der Pinnwand ausgehängt werden. Außerdem können auch sie mit Name und Datum versehen eine schöne Erinnerung für die Klassenchronik sein oder Bestandteil des Portfolios werden.

8.3 Feedback

A) Die persönliche Top 5 Liste

Mit diesem Feedback-Ritual können Sie sich einen Eindruck darüber verschaffen, welche Aktivitäten, Lieder, Spiele oder Aufgabentypen Ihren Schülern derzeit am besten gefallen. Für eine schnelle und unkomplizierte Umfrage müssen Sie auf den Umfragezetteln nur noch die Kategorie eintragen, bevor Sie diese in entsprechender Anzahl kopieren oder ausdrucken. Schließlich werden die Zettel eingesammelt und ausgewertet.
Sie wissen dann, mit welchen Unterrichtsmethoden Sie die Schüler besonders gut erreichen können oder mit welchen Mechanismen der Unterricht besonders viel Spaß macht – dies hilft besonders bei denjenigen Inhalten weiter, die allein betrachtet eher trocken oder „langweilig" anmuten. Die Schüler erhalten im Gegenzug das Gefühl, stärker am Unterrichtsgeschehen und der Gestaltung der Lerninhalte mitwirken zu können.

DIE 5 BESTEN

1. ____________

2. ____________

3. ____________

4. ____________

5. ____________

DIE 5 BESTEN

1. ____________

2. ____________

3. ____________

4. ____________

5. ____________

DIE 5 BESTEN

1. ____________

2. ____________

3. ____________

4. ____________

5. ____________

DIE 5 BESTEN

1. ____________

2. ____________

3. ____________

4. ____________

5. ____________

B) Das Wochenbarometer

Wochenbarometer – Instrument für rückblickende Schülereinschätzungen

Mit dem Wochenbarometer haben Sie ein universelles Instrument zur Hand, mit dem sich rückblickende Umfragen jeglicher Art durchführen und auswerten lassen. Im Gegensatz zum Stimmungsbarometer wird mit dem Wochenbarometer auf die Einschätzung und Bewertung der Lerner hinsichtlich bestimmter Lerninhalte, Unterrichtsvorgehensweisen und Methoden abgezielt. Allgemein können Sie z. B. am Ende der Woche danach fragen, für wie ertragreich oder erfolgreich die Schüler die vergangene Woche halten würden. Ebenso können Sie aber auch ganz konkret erfragen, wie von den Schülern eine bestimmte neue Aktivität oder ein konkreter Aufgabentyp, der erstmalig eingesetzt wurde, wahrgenommen wurde. Die Antworten dazu können Ihnen maßgeblich dabei helfen, die jeweiligen Bedürfnisse und Anforderungen Ihrer Lerngruppe besser einzuschätzen und entsprechend darauf zu reagieren. Wenn Sie zusätzlich die Befragung nicht anonym, sondern offen ausführen, können Sie direkt anschließend an das abgegebene Votum die Lerner konkret zu ihrer individuellen Entscheidung und Bewertung befragen.

Für den Einsatz des Wochenbarometers sollte dies großformatig kopiert, laminiert und im Klassenraum gut sichtbar aufgehängt werden. Auch die Abstimmungskarten müssen in entsprechender Anzahl kopiert, ausgeschnitten und laminiert werden. Zu Beginn der Befragung steht das Barometer auf 0. Jede positive Antwort, gekennzeichnet durch die Sonne, wird mit +1 bewertet. Jede negative Antwort, gekennzeichnet durch den Blitz, wird mit -1 bewertet. Die abschließende Gradzahl gibt dann Aufschluss über die durchschnittliche Einschätzung der Schüler. Die Antworten können anonym in einem Stoffbeutel gesammelt und dann ausgezählt werden oder offen mit anschließendem Kommentar der Schüler abgegeben werden.
Wenn Sie in Ihrem Unterricht auch ein Stimmungsbarometer verwenden, ist es wichtig, die beiden Befragungsformate konsequent voneinander zu trennen, damit für die Schüler die beiden Frageinstrumente nicht vermischt werden. Das Stimmungsbarometer beziehungsweise die Arbeit mit den Smileys (siehe Seite 9 + 137) zielt ganz bewusst auf die emotionale Komponente ab. Das Wochenbarometer jedoch soll ausschließlich für eine sachlich-qualitative Analyse verwendet werden. Dieser Unterschied ist für die Schüler und deren Beurteilungen sehr wichtig und sollte daher nicht unbedacht beeinträchtigt werden.

Außerdem sollten Sie gegenüber den Schülern auch klar machen, dass sie mittels des Wochenbarometers ganz konkret weitere Unterrichtsverläufe beeinflussen können. Die Schüler sollen also verstehen, dass sie durch ihre Abstimmungen aktiv am Unterrichtsgeschehen und der Gestaltung unterrichtlicher Mittel und Inhalte teilhaben können.

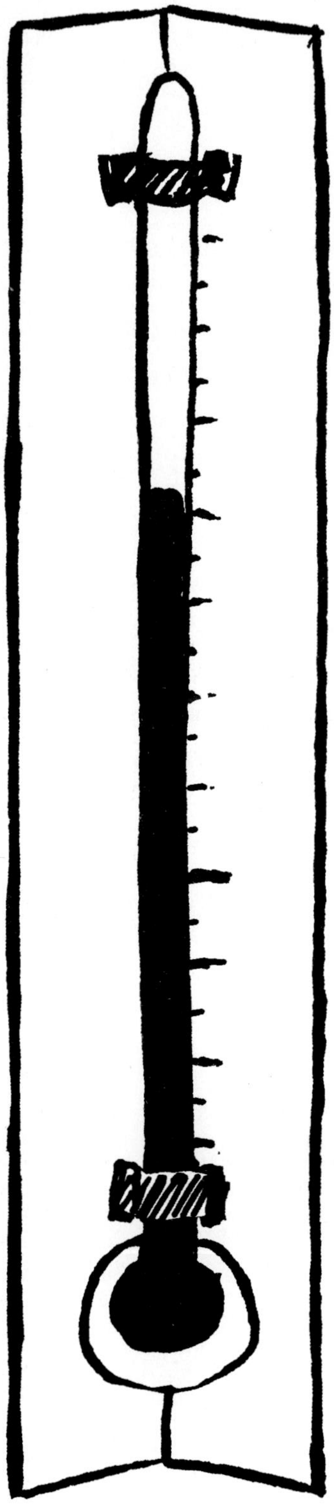

Wochenbarometer

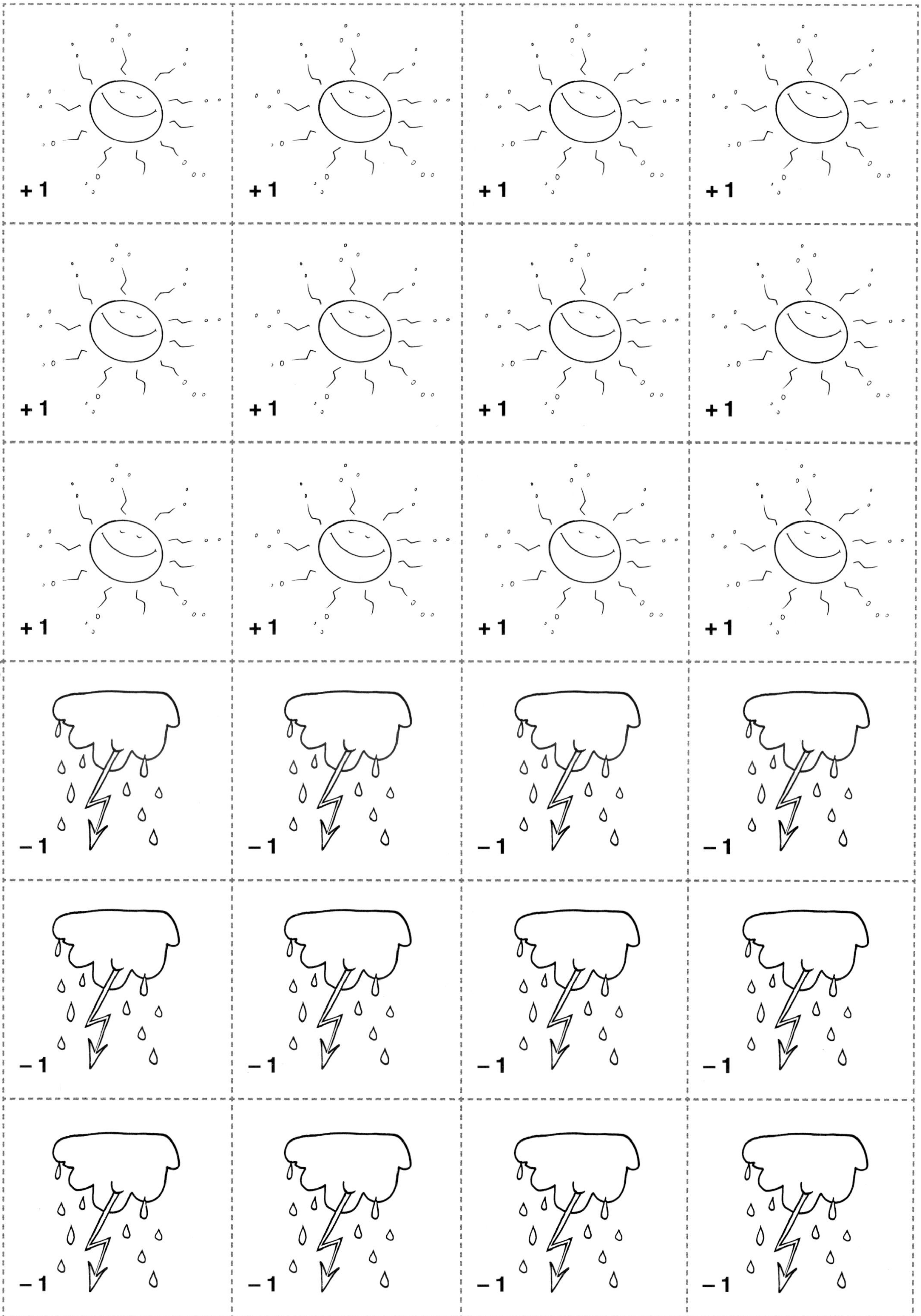
+1
+1
+1
+1
+1
+1
+1
+1
+1
+1
+1
+1
–1
–1
–1
–1
–1
–1
–1
–1
–1
–1
–1
–1

9. Ritualisierung durch Regeln und Lob

Wie wir im Unterricht bestimmte Verhaltensweisen der Schüler ahnden oder positiv bejahend unterstützen und belohnen, stellt Lehrpersonen stets vor eine neue, große Herausforderung. Jede Klasse ist eine heterogene Lerngruppe mit immer wieder anderen Bedürfnissen und Anforderungen. Was gleich bleibt, ist jedoch die Tatsache, dass schulischer Unterricht nicht immer reibungslos abläuft und daher bestimmte Verhaltensregeln für einen funktionierenden Ablauf des Lehrens und Lernens etabliert und durchgesetzt werden müssen. Gleichzeitig müssen aber auch positive Verstärker, die in Form einer extrinsischen Motivation zu mehr Leistungsbereitschaft führen oder bestimmte Verhaltensweisen belohnen, eingebracht werden.

Klassenregeln sowie ein Verhaltens- oder Maßnahmenkatalog für Regelüberschreitungen bilden häufig eine wichtige Ressource zur Etablierung einer soliden Arbeitsgrundlage für einen produktiven Unterricht. Eine Auswahl an möglichen Klassenregeln für den eigenen Unterricht finden Sie auf den folgenden Seiten.

Positive Verstärker als Nutzen zum produktiven Unterricht

Jenseits der klassischen Vorschriften, Regeln, Gebote und Verbote steht uns gerade im Anfangsunterricht eine Vielzahl an positiven Verstärkern zur Verfügung, deren Wirkung wir uns für einen produktiven Unterricht zu Nutze machen können. Egal ob Stempelkarte, Aufkleber, Sternchensammeln oder übergeordnete Wettbewerbsaktivitäten wie z. B. „Klassenkönigin" bzw. „Klassenkönig" oder „Blumenpokal", wichtig ist, dass wir einen Motivationsmechanismus finden, der alle Schüler einer Klasse gleichermaßen anspricht und herausfordert.

Auch zu diesen Möglichkeiten finden Sie auf den folgenden Seiten wichtige Tipps und Hinweise aus der Praxis.

Klassenregeln als Strukturhilfe des Schulalltags

9.1 Umgangsformen und Klassenregeln im Unterricht

Die Klassenregeln sind sicherlich die bekannteren ritualisierten Verhaltensmuster im Unterricht. Diese Regeln dienen im Idealfall dazu, dass sie den schulischen und unterrichtlichen Ablauf im Schulalltag strukturieren und erleichtern. Sie sorgen dafür, dass respektvoll und hilfsbereit miteinander umgegangen wird, dass Ruhe und Ordnung im Klassenzimmer herrschen und dass bestimmte Umgangsformen, wie Höflichkeit und Pünktlichkeit, gewahrt werden.

Wichtig ist, dass Sie, wenn Sie mit Klassenregeln arbeiten, auch über den Maßnahmenkatalog bei Regelverstößen und entsprechende Reaktionen Ihrerseits nachdenken und Ihre Schüler darüber in Kenntnis setzen. Die Transparenz dieser Regelungen ist ein bedeutender Prüfstein dahingehend, inwieweit Sie und Ihr Verhalten von Dritten als gerecht und fair beurteilt werden. Deshalb sollten nicht nur Ihre Schüler, sondern auch deren Eltern und Kollegen über die geltenden Unterrichtsregeln sowie daraus resultierende Maßnahmen und Sanktionen informiert werden.

Die folgenden Vorschläge können entweder eine Ergänzung zu bereits bestehenden Klassenregeln sein oder als Einstieg in ein persönlich entwickeltes Regelsystem für das gemeinsame Arbeiten in der Klassengemeinschaft verstanden werden. Entsprechende Überlegungen zu weiteren oder alternativen Regelkonstellationen können Sie auch, wenn Sie mit einem Klassenrat arbeiten, von den Schülern selbst anstellen lassen.

Beispiele für Klassenregeln

Vorschläge für mögliche Klassenregeln:

1. Sei pünktlich!
2. Sei aufmerksam!
3. Sei freundlich!
4. Sei hilfsbereit!
5. Folge den Anweisungen der Lehrerin bzw. des Lehrers!
6. Melde dich mit Handzeichen!
7. Denk an deine Arbeitsmaterialien!
8. Schimpfe und fluche nicht!
9. Kippel nicht auf dem Stuhl!
10. Renn nicht wild durch das Klassenzimmer!
11. Unterbrich niemanden beim Reden!
12. Lach niemanden aus!

Alternativ sind natürlich andere Sprachvarianten denkbar, die eine weniger strenge Ausdrucksform der Regeln darstellen. Formulierungen wie „Wir möchten gerne pünktlich sein …“, „Ich schimpfe und fluche nicht“ oder „Ich will an meine Arbeitsmaterialien denken“ sind als mögliche Variationen denkbar. Inwieweit Sie auch sprachlich die Klassenregeln als strikt und verbindlich erscheinen lassen möchten, liegt in Ihrem Ermessen und richtet sich auch nach Ihrer Einschätzung der Schüler.

Darüber hinaus kann die angedeutete Regelliste natürlich beliebig erweitert werden. Was die vorliegenden Regeln gewährleisten sollen, ist zum einen eine positive Arbeitsatmosphäre, in der die Schüler störungsfrei und konzentriert arbeiten können. Zum anderen sollen insbesondere die Regeln 11 und 12 für ein stressfreies Arbeitsklima sorgen, in dem Kinder ohne Hemmungen und Angst vor Fehlern im Unterricht mit ihren Überlegungen, Ideen und Vorstellungen öffentlich experimentieren und spielerisch umgehen können. Um eine positive Arbeitsatmosphäre zu schaffen, ist gerade der respektvolle Umgang miteinander eine Grundvoraussetzung des schulischen Unterrichts.

Grundsätzlich ist es wichtig, dass die Klassenregeln bei ihrer Einführung im Unterricht sehr deutlich erklärt werden. Dazu sind die Schaukarten der einzelnen Regeln (Begleit-CD) hilfreich. Empfehlenswert ist es beim Erklären der Regeln im Stuhl- oder Sitzkreis zusammenzukommen sowie das Erklären der Regeln in aller Ernsthaftigkeit. Nur so erhält das Etablieren der gemeinsamen Klassenregeln Verbindlichkeit.

9. Ritualisierung durch Regeln und Lob

Visualisierung gemeinsamer Klassenregeln

Das Aufhängen der Bilder der gemeinsamen Klassenregeln im Klassenzimmer hat sich als sehr hilfreich erwiesen, denn so sind die Regeln permanent präsent und die Schüler werden an sie erinnert. Außerdem kann im Falle von Regelverstößen das Zeigen auf die jeweilige Regel eine rein verbale Ermahnung unterstützen.

Der „Regelvertrag“, den Sie mit jedem Ihrer Schüler durch gemeinsames Unterschreiben bekräftigen können, kann als zusätzliche Hilfe in Form eines „Initiationsrituals“ eingesetzt werden.

TIPP
Wenn Sie die entsprechende Seite z. B. auf Dokumenten- oder Urkundenpapier kopieren und anschließend in einer kleinen Zeremonie feierlich unterzeichnen, dann wird aus dem gemeinsamen Beschluss der Klassenregeln tatsächlich ein kleines Initiationsritual.

Alternative: Wenn Sie die Klassenregeln im Klassenzimmer aufgehängt haben, können Sie nach dem Erklären der Regeln die Schüler nach vorne bitten, um gemeinsam auf einem großen Zettel, der anschließend unterhalb der Regeln am schwarzen Brett aufgehängt wird, die Regeln zu unterschreiben. Auch dies unterstreicht die Wichtigkeit und Ernsthaftigkeit der Klassenregeln.

Klassenregeln

Hiermit erkläre ich feierlich, dass ich die nachfolgenden Unterrichtsregeln verstanden habe und mich dementsprechend verhalten will.

Sei pünktlich!

Sei aufmerksam!

Sei freundlich!

Sei hilfsbereit!

Folge den Anweisungen der Lehrerin bzw. des Lehrers!

Melde dich mit Handzeichen!

Denk an deine Arbeitsmaterialien!

Renn nicht wild durch das Klassenzimmer!!

Kippel nicht mit dem Stuhl!

Schimpfe und fluche nicht!

Unterbrich niemanden beim Reden!

Lach niemanden aus!

Unterschrift Lehrerin / Lehrer

Unterschrift Schülerin / Schüler

Sei pünktlich!

Sei aufmerksam!

Sei freundlich!

Sei hilfsbereit!

Folge den Anweisungen der Lehrerin bzw. des Lehrers!

Melde dich mit Handzeichen!

Denk an deine Arbeitsmaterialien!

Renn nicht wild durch das Klassenzimmer!

Kippel nicht mit dem Stuhl!

Schimpfe und fluche nicht!

Unterbrich niemanden beim Reden!

Lach niemanden aus!

Motivationsrituale im Unterricht

9.2 Positive Verstärker und Belohnungssysteme im Unterricht

Neben den Klassenregeln, die eher mit konkreten Verboten und Ahndungen im Fall von Überschreitungen arbeiten, können positive Verstärker sowohl langfristig wie auch kontrolliert punktuell im Unterricht eingesetzt werden. Positive Verstärker dienen dazu, bei bestimmten Anlässen einen Motivationsschub oder positive Bestätigungen als direkte Rückmeldungen an die Lerngruppe oder an einzelne Lerner zu geben. Im Vordergrund steht bei dieser Methode die Belohnung von gutem, d. h. anstrebenswertem bzw. vorbildlichem Verhalten. Neben klassischen Methoden wie Selbsteinschätzungsprotokollen (insbesondere in den Klassen 3 und 4) zur Selbstreflexion und Wahrnehmung des eigenen Verhaltens gegenüber Dritten, Auszeichnungen des Schülers der Woche oder unterschiedlichen Gesprächsmechanismen, z. B. der „Ich-Botschaft", bieten sich einige Motivationsstrategien an, die in Form von wiederkehrenden Ritualen Teil des Schulalltags werden können.

Im Folgenden finden Sie eine Auswahl an verschiedenen Möglichkeiten, die Sie entsprechend der Erwartungen Ihrer Zielgruppe adressatengerecht auswählen und schnell und unkompliziert in Ihren Unterricht implementieren können.

Klassenkönigin und Klassenkönig

A) Klassenkönigin und Klassenkönig

Bei der Titelvergabe der Klassenköngin/des Klassenkönigs handelt es sich um eine übergeordnete Motivations- oder Wettbewerbsstrategie, die alle Übungen und Aufgaben im Unterricht in jedem Schulfach beinhalten kann. Denn Königin/König ist immer gerade das Kind, das zu diesem Zeitpunk in der Punkteskala des Wettbewerbs um die königliche Position vorne liegt. Vergeben wird nur eine Krone, d. h. es gibt immer nur entweder eine Königin oder einen König. Der Punktestand im Wettbewerb um den begehrten Titel wird auf einer Liste festgehalten, die im Klassenraum aufgehängt wird. Punkte erhalten die Schüler für das erfolgreiche Erledigen von Übungen, Arbeiten, Spielen und sonstigen Aktivitäten. Aber auch besonders kollegiales und hilfsbereites Verhalten kann sich in einigen Bonuspunkten in der Wertungsliste niederschlagen. Nicht nur Einzelaktivitäten, sondern auch Gruppen- und Teamarbeit werden in der Liste berücksichtigt. Wahlweise ist es natürlich auch möglich, dass für wiederholtes Stören oder sonstiges Fehlverhalten Punkte aberkannt werden.

Dieses ansprechende Motivationsritual bietet sich für einen fächerübergreifenden Einsatz an. Auf diese Weise trägt es dann auch den unterschiedlichen, sehr heterogenen Leistungen der einzelnen Schüler in den verschiedenen Unterrichtsfächern Rechnung. Wenn auch Punkte im Mathematik-, Englisch-, Kunst- und Sportunterricht gesammelt werden können, haben grundsätzlich alle Schüler die Möglichkeit, den Titel zu erlangen. Wichtig für die Durchführung des Wettbewerbs ist, dass Sie, wenn Sie eine bestimmte Übung, Aktivität oder Tätigkeit mit Punkten belohnen wollen, dies den Schülern vorher mitteilen. Das kann noch einmal für zusätzliche Motivation sorgen. Auch dann, wenn Sie merken, dass im Unterricht einmal Motivationsknappheit oder eine kleine „Durststrecke" herrscht, kann sich der Verweis auf den ausstehenden Titel noch einmal positiv auf die Arbeit auswirken. Natürlich darf die Aktivität nicht überbewertet werden und das Lernen und Arbeiten sollte dem Selbstzweck dienen; aber hier und da kann ein zusätzlicher Motivationsschub nicht schaden. Und die Erfahrung hat gezeigt, dass die Titelvergabe Königin/König diesen Zweck mehr als erfüllt.

Die Regentschaft dauert immer mindestens eine Woche (längere Intervalle sind möglich, z. B. alle 14 Tage). Eine neue Königin bzw. ein neuer König wird immer zum Wochenanfang gekrönt, wenn erforderlich, d. h. wenn sich der Punktestand verändert hat. Die frisch gekürte Königin oder der König dürfen als kleine Belohnung eine Wunschaktivität oder ein Wunschlied für diesen Schultag auswählen.

Die Regentschaft der Königin oder des Königs wird durch einen kleinen Aufsteller, der auf dem Tisch des jeweiligen Kindes platziert werden kann, angezeigt. Wenn Sie eine Namensliste für Dienste oder Fotos der Schüler im Klassenzimmer aufgehängt haben, kann die Auszeichnung auch an das jeweilige Foto oder Namensschild geheftet werden (siehe auch Jubelthron Seite 132).

Fotos der Klassenköniginnen und Klassenkönige

Alternative: Eine weitere schöne Variante, die ein wenig Vorbereitung benötigt, ist folgende: Sie bitten die Kinder um ein Foto von sich, dass sich vom Format her für die Kopiervorlage der Klassenkönigin bzw. des Klassenkönigs eignet. Aus den Vorlagen mit der Königinnen- und Königskrone werden die Bildrahmen ausgeschnitten, dann wird das Blatt laminiert und im Klassenraum aufgehängt. Das Foto kann dann auf der Rückseite mit Klebestreifen befestigt werden, sodass das Gesicht des Kindes im Bildrahmen sichtbar ist. Mit einem wasserlöslichen Stift tragen die Schüler dann noch ihren Namen ein.

Die Ernennung zur Königin oder zum König und das Aufstellen der Auszeichnung auf dem eigenen Tisch ist normalerweise schon Anreiz und Belohnung genug für die Kinder. Wenn Sie aber mit einem bestimmten Belohnungssystem (Stempel, Sticker etc.) arbeiten, können Sie dies natürlich in den Wettbewerb integrieren.

TIPP

Wahlweise können die Schüler auch auf Grundlage der einzelnen Herrschaftszeiten die Königin oder den König eines Halbjahres küren. Diese oder dieser kann dann mit einem kleinen Preis belohnt werden.

Klassenkönigin & Klassenkönig

Name	Punkte	Bemerkungen

KLASSEN-
KÖNIGIN

KLASSEN-
KÖNIG

KLASSEN-
KÖNIGIN

KLASSEN-
KÖNIG

KLASSEN-
KÖNIGIN

KLASSEN-
KÖNIG

Jubelthron oder Klassenthron

B) Der Klassenthron / Jubelthron

Der Jubelthron oder auch Klassenthron kann mit vielen verschiedenen Handlungen verbunden werden. Das Hauptaugenmerk liegt jedoch, wie der Name schon sagt, darin, diejenige Person, die auf dem Thron Platz nimmt, zu bejubeln, zu feiern und wertzuschätzen. Das kann das Geburtstagskind sein, der Gewinner eines Wettbewerbs, der frisch gewählte Klassensprecher oder irgendein anderer Schüler, der aufgrund einer besonderen Leistung oder eines vorbildlichen Handels Lob und Anerkennung verdient hat.

Alternative: Natürlich wird von der „Thronbesteigung" auch ein Foto geschossen, welches im Klassenzimmer an der Pinnwand mit einem Kommentar versehen und aufgehängt werden kann.

Bastelhinweise für den Klassenthron / Jubelthron

Die Herstellung des Klassenthrons ist nicht wirklich kompliziert, setzt aber ein wenig handwerkliches Geschick voraus. Benötigt wird ein alter Stuhl, der sorgfältig gereinigt werden muss. Im Anschluss daran kann der Stuhl auf unterschiedliche Art und Weise gestaltet werden. Man kann den Stuhl z. B. mit Acryllack bunt anmalen und danach mit Hochglanz- oder Mattlack versiegeln, damit die Farbe nicht allzu schnell abblättert. Alternativ kann der Stuhl auch mittels Kleister mit unterschiedlichen Papieren beklebt und verschönert werden. Außerdem können, wenn der Stuhl z. B. mit Zeitungen eingekleistert wird, zuvor Styroporelemente als Verzierung mit in den Stuhl eingearbeitet werden, die dann später ebenfalls überkleistert und beklebt und damit Teil des Throns werden. Nach einer Bemalung oder Lackierung (evtl. mit Goldfarbe aus der Sprühdose) sind diese Elemente nicht mehr vom Rest des Stuhls zu unterscheiden.

Alternative: Man kann auch eine Husse aus rotem Stoff für den Stuhl nähen.

Blumenpokal und Belohnungskarte

C) Der Blumenpokal

Auch der Blumenpokal kann als übergeordneter Motivationsmechanismus im Unterricht eingesetzt werden (siehe Seite 134). Hier sammeln die Schüler bei bestimmten Aufgaben oder durch vorbildhaftes Verhalten innerhalb und außerhalb des Unterrichts Punkte auf einer Klassenliste oder Stempel auf einer Stempelkarte. Wöchentlich wird nun überprüft, welcher Schüler die Liste anführt oder die meisten Stempel gesammelt hat. Auf dem Tisch dieses Schülers wird dann in dieser Woche die Klassenblume aufgestellt. Die ausgezeichnete Person gilt damit als belohnt bzw. gekürt, gleichzeitig übernimmt sie aber auch die Verantwortung für die Klassenpflanze und muss sich bis zur Übergabe an den nächsten Pokalinhaber um die Blume kümmern. Insbesondere im ersten und zweiten Schuljahr hat sich dieses Motivations- und Belohnungsprinzip, das Auszeichnung und Verantwortung verbindet, sehr bewährt.

TIPP

Als Erinnerung können Sie ein Foto des Kindes mit dem Pokal schießen und in der Klasse aufhängen oder eine Belohnungskarte (Seite 134) für die betreffende Schülerin oder den betreffenden Schüler ausstellen.

Belohnungskarte

für

____

Einfach spitze!

Der Blumenpokal

geht diese Woche an

____

Belohnungskarte

für

____

Einfach spitze!

D) Sternchen oder Sticker

Das Sammeln von Sternchen, Stickern, Aufklebern oder Stempeln ist ein beliebter Motivationsmechanismus, der je nach Zielgruppe erfolgreich ins Unterrichtsgeschehen integriert werden kann. Wenn Sie sich für besonders schöne Sticker oder Aufkleber entscheiden, kann das durchaus etwas kostspieliger ausfallen. Aus diesem Grund kombinieren manche Kollegen zwei Sammelarten. So wäre etwa eine Kombination aus Sternchen- und Aufklebern sammeln denkbar, bei der nur jeder fünfte oder jeder zehnte Eintrag auf der Sammelkarte mit einem tatsächlichen Aufkleber belohnt wird (siehe Seite 135ff).

Sammelkarten für Sticker, Aufkleber etc.

Wenn Sie mit diesem Verfahren arbeiten möchten, empfiehlt es sich, für jedes Kind eine Sammelkarte anzulegen, auf der es seinen Namen einträgt und fortan die Belohnungen sammelt. Wenn Sie ein Sternchen oder einen Smiley vergeben, zeichnen Sie diesen auf der Karte einfach ab und ergänzen Sie auch das Datum. Beim Erreichen einer bestimmten Anzahl von Auszeichnungen können dann unterschiedliche Belohnungen (z. B. Hausaufgabenfrei, Wunschlied etc.) von den Schülern eingelöst werden. Die Art der Auszeichnungen und Belohnungen orientiert sich stark an der jeweiligen Lerngruppe und ist daher Ihnen überlassen.

Wie bei fast allen Arbeitsmaterialien des täglichen Bedarfs für den Schulunterricht empfiehlt sich auch hier eine stabile Gestaltung der Materialien. Die Sammelkarten (Begleit-CD) sollten daher auf stabilen (farbigen) Karton kopiert oder gedruckt werden.

Diese Sammelkarte gehört

Diese Sammelkarte gehört

Diese Sammelkarte gehört

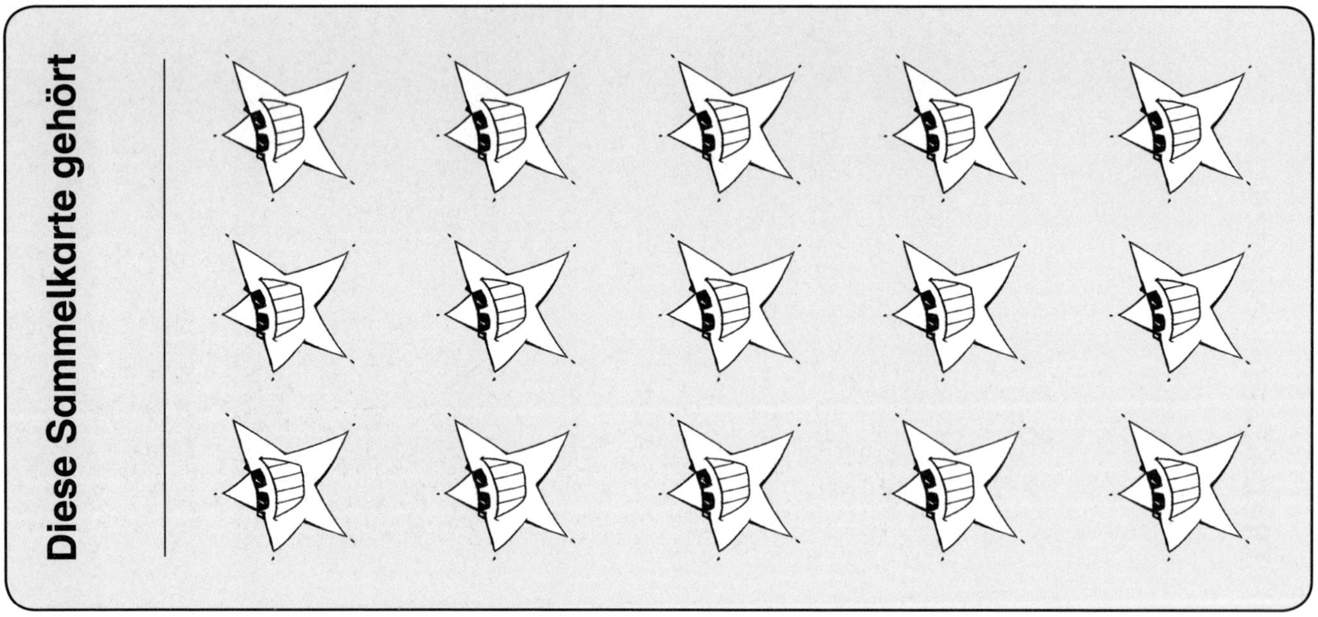
Diese Sammelkarte gehört

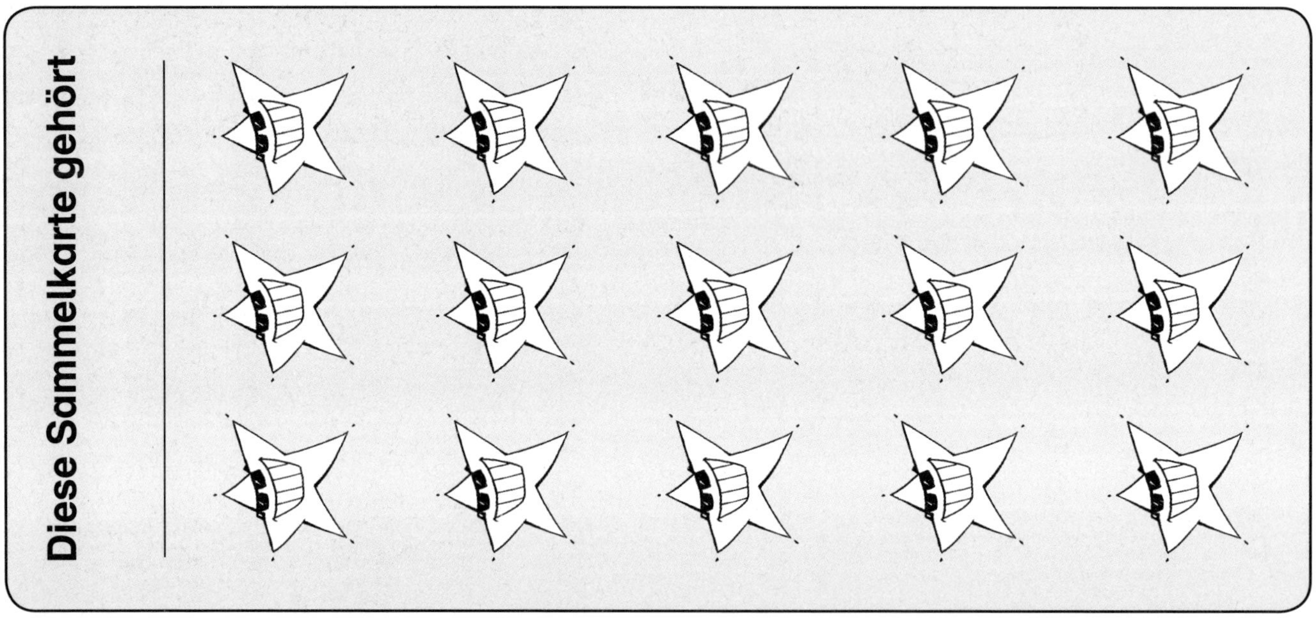
Diese Sammelkarte gehört

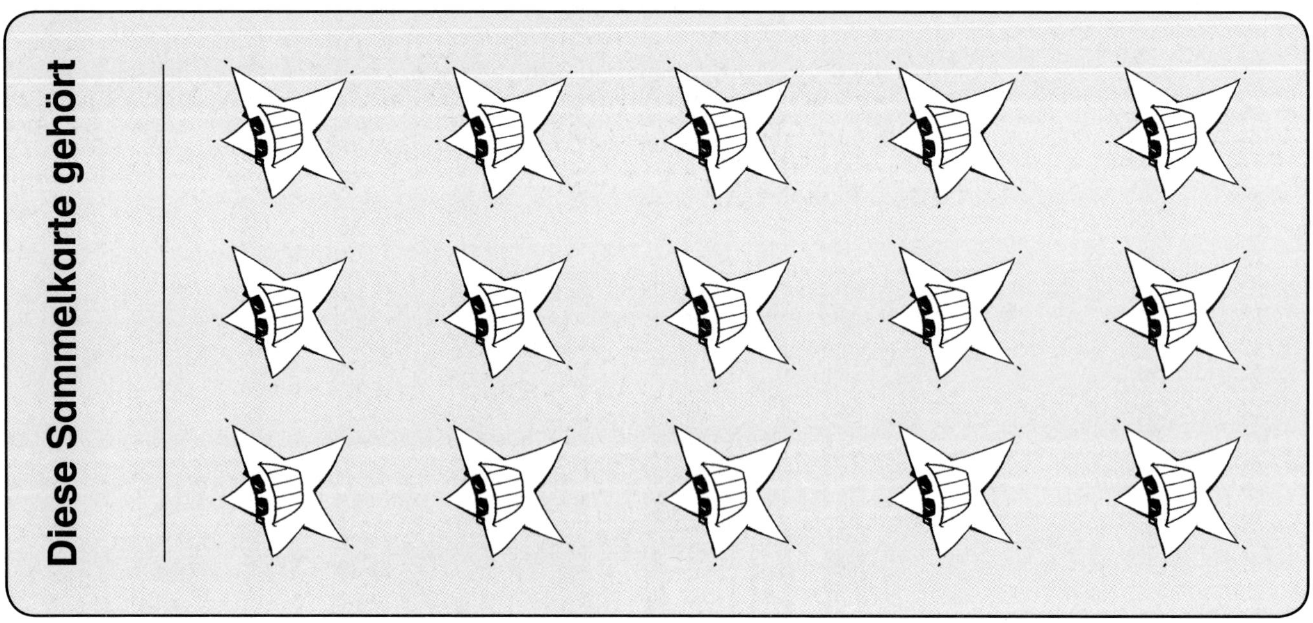
Diese Sammelkarte gehört

Diese Sammelkarte gehört

Diese Sammelkarte gehört

Diese Sammelkarte gehört

Urkunden für besondere Schülerleistungen

E) Die Urkunde als Sonderauszeichnung

Für Auszeichnungen, die Sie für Einzelleistungen bestimmter Schüler vergeben wollen, eigenen sich insbesondere individuell gestaltete Urkunden, die nur in besonderen Fällen für überdurchschnittliche Leistungen oder vorbildhafte Verhaltensweisen verliehen werden. Wenn Sie mit diesen besonderen positiven Verstärkern arbeiten, ist es wichtig, dass diese Art der Auszeichnungen bewusst sehr sparsam verliehen wird. Ein inflationärer Gebrauch dieser außergewöhnlichen Anerkennung würde ansonsten deren Bedeutung entwerten. Die Verleihung einer solchen Auszeichnung sollte von den Schülern tatsächlich als etwas ganz Besonderes empfunden werden.

Sollte sich eine gesamte Schülergruppe um einen speziellen Sachverhalt besonders verdient gemacht haben, kann dieser „Preis“ natürlich auch an eine Gruppe von Schülern verliehen werden.

TIPP

Die Gestaltung der Urkunden kann z. B. mit Goldpapier, geprägtem oder marmorierten Papier noch weiter aufgewertet werden. Eine Unterschrift mit Füller durch die Lehrerin oder den Lehrer sowie eine kleine „Übergabezeremonie“, bei der die spezielle Leistung noch einmal gegenüber der Klasse erwähnt wird, tun ihr Übriges, um den Ausnahmecharakter dieser Auszeichnung zu unterstreichen.

Wichtig ist, den übrigen Schülern, die keine derartige Belohnung erhalten haben, zu erklären, dass es sich um eine Auszeichnung handelt, die sie nicht in ihren jeweiligen Leistungen deklassiert oder herabstuft. Denn mit dieser Preisverleihung soll kein Neid und kein Gefühl der Ungleichbehandlung unter den verbleibenden Schülern geschaffen werden. Es empfiehlt sich daher, die Leistung durchaus als Ausnahme zu beschreiben, die sicher erstrebenswert ist, aber nicht von jedem Kind erreicht werden muss oder kann. So kann dieser Auszeichnungsmechanismus erfolgreich eingesetzt werden. Aufgrund der Seltenheit der „Verleihung“ fungiert diese Art der Auszeichnung eher als indirekter Motivationsmechanismus.

URKUNDE

FÜR ______________________________

„WOW!"-Karte als Alternative zur Urkunde

F) Die „WOW!"-Karte als Sonderauszeichnung

Eine schöne Abwechslung zur klassischen Urkunde kann die „WOW!"-Karte sein (siehe Seite 141), die ebenfalls eher zu außerordentlichen Leistungen verliehen wird. Diese wird jedoch nicht von der Lehrperson verliehen, sondern von den Schülern selbst. D. h., wird von einem Mitschüler eine Leistung erbracht oder besonders herausragendes Verhalten gezeigt, kann die gesamte Klassengemeinschaft in Absprache mit der Lehrperson die „WOW!"-Karte vergeben. Die erste Absprache kann in einer kleineren Schülergruppe, die etwas für besonders auszeichnungswert erachtet, erfolgen. Mittels Einbeziehen des Klassensprechers kann dann auch über diesen Weg die Lehrperson mit in die Überlegung einbezogen werden. Anschließend wird die gesamte Klasse zur Preisverleihung befragt. Wird die Vergabe der Karte von der Klasse beschlossen, unterschreiben alle Kinder die Karte und übergeben sie dem ausgewählten Kind in passendem Rahmen.

Die Idee der „WOW!"-Karte muss natürlich zunächst durch die Lehrperson in der Klasse bekannt gemacht und etabliert werden. Ist der Mechanismus aber einmal erklärt, liegt die Aufgabe der Verleihung der Auszeichnung allein bei den Schülern. Die Lehrperson kann die „WOW!"-Karte nicht verleihen.

Die unterschriebene „WOW!"-Karte kann schließlich von dem Kind mit nach Hause genommen werden. Ggf. wird eine Kopie im Klassenzimmer an der Pinnwand aufgehängt.

WIR SAGEN

WOW!

ZU ______________________________

WEIL ______________________________

____

____

Diese Auszeichnung wird vergeben von:

Lob der Leistungen und Verhaltensweisen der gesamten Klasse

G) Die Klassengemeinschaft wertschätzen und auszeichnen

Ebenso wichtig wie die Belohnung einzelner Schüler ist natürlich die Wertschätzung und das Lob von Leistungen oder Verhaltensweisen, die im Klassenverband erbracht wurden.

Wenn sich die gesamte Klasse z. B. solidarisch gegenüber einzelnen Personen gezeigt hat, einen besonderen Klassenzusammenhalt bewiesen oder sich in einem Wettbewerb beispielsweise gegenüber einer Parallelklasse behauptet hat, können und sollten spezielle Belohnungen durch die Lehrperson ausgesprochen werden. Diese Belohnung kann bestehen aus einem selbstgebackenen Kuchen, Plätzchen oder einer Kiste Äpfel oder Orangen, dem zur Wahl stellen eines Unterrichtsthemas, das die Schüler derzeit besonders interessiert oder einem außergewöhnlichen Ereignis, wie dem Einladen eines speziellen Überraschungsgastes in den Unterricht.

Wichtig ist, dass die Klasse sich hier in ihrer Gesamtheit gestärkt sieht, um zu verstehen, dass Einzelleistungen zwar wichtig sein mögen, Teamarbeit, Zusammenhalt und das sich gegenseitig Unterstützen und Helfen aber genauso bedeutend sind.

„Teamgeist"-Auszeichnung

In einer schönen Geste können Sie auch einfach einmal den „Teamgeist" an die Klasse vergeben (siehe Seite 143). Diese Klassentrophäe wird mit Anlass und Datum versehen an der Pinnwand aufgehängt. Darüber hinaus erhält jedes Kind eine kleine Variante der Trophäe.

H) Einfach mal „Danke!" sagen

Zu guter Letzt noch ein Hinweis zu einem der einfachsten, häufig jedoch schnell vergessenen Motivationsmechanismus: die Anerkennung bzw. positive Rückmeldung der Lehrperson durch einfache Worte und Gesten. Ein Lächeln oder freundliches Wort von der Lehrperson bedeutet den Schülern mehr als uns zuweilen bewusst ist. Daher gilt, wenn es Grund für ein Lob, ein Wort der Anerkennung gibt, sollte dies auch deutlich und wertschätzend ausgesprochen werden (siehe Seite 144). Ebenso ist ein Lächeln, ein „Daumen hoch!" oder ein freundliches Zunicken häufig schon Zeichen genug, um die Schüler wissen zu lassen, dass Sie etwas richtig gemacht haben und uns dies aufgefallen und bewusst ist. D. h., wir signalisieren mit unserer Reaktion gleichzeitig, dass wir die Verhaltensweisen und Leistungen der Schüler nicht nur ganz bewusst wahrnehmen und beobachten, sondern auch, dass uns deren Verhalten wichtig ist. Diese Erkenntnis ist für unsere Schüler sehr wichtig.

Positive Rückmeldung durch einfache Worte und Gesten

Die Wichtigkeit dieser Art der Anerkennung sollte durchaus auch mit der gesamten Klasse besprochen werden. Denn das Signalisieren von Anerkennung und Wertschätzung ist bei den Schülern untereinander ebenfalls von Bedeutung.

In manchen Fällen können Sie als Lehrperson auch die Mitschüler zum Klatschen oder Bejubeln animieren und so die Leistung einzelner im Klassenverband würdigen lassen.

Ihr habt **TEAMGEIST** bewiesen!

Am: ______________________________

Aufgabe: ______________________________

Ihr habt TEAMGEIST bewiesen!

Am: ______________________________
Aufgabe: ______________________________

Ihr habt TEAMGEIST bewiesen!

Am: ______________________________
Aufgabe: ______________________________

Ihr habt TEAMGEIST bewiesen!

Am: ______________________________
Aufgabe: ______________________________

Ihr habt TEAMGEIST bewiesen!

Am: ______________________________
Aufgabe: ______________________________

Ihr habt TEAMGEIST bewiesen!

Am: ______________________________
Aufgabe: ______________________________

Ihr habt TEAMGEIST bewiesen!

Am: ______________________________
Aufgabe: ______________________________

IHR SEID
ABSOLUTE
SPITZE

Danke
für eure tolle Mitarbeit.

10. Ritualisierte Handlungsabläufe – Verantwortung für sich und andere übernehmen

Verantwortung für sich und andere zu übernehmen, ist ein wichtiger Bestandteil des schulischen Zusammenlebens und der Gestaltung einer Klassengemeinschaft. Je nach Alter der Schulkinder können sie mit unterschiedlichen Aufgaben, Diensten oder Ämtern betreut werden und für einen bestimmten Teilbereich der schulischen Abläufe verantwortlich sein. Dazu zählen wichtige Ämter, wie z. B. das des Klassensprechers oder des Schriftführers, aber ebenso bestimmte Aufgaben und Dienste, die für den täglichen Ablauf des Unterrichts und des schulischen Miteinanders wichtig sind.

Verantwortungsübernahme durch unterschiedlichste Ämter und Dienste

Viele dieser Aufgaben und damit verbundenen Pflichten werden in Form von festgelegten ritualisierten Handlungsabläufen und Interaktionsmustern beinahe unbewusst in den natürlichen Ablauf von unterrichtlichen und schulischen Prozessen eingegliedert. Die Vergabe von manchen Ämtern oder Diensten findet ebenfalls in Form von bestimmten Riten oder Ritualen statt, z. B. in der Wahl des Klassensprechers.

Diese festen Bestandteile des Schullebens bergen wichtige Erfahrungen und Erkenntnisse für unsere Schüler, die über die bloße Wissensvermittlung allein weit hinausgehen. Eine wichtige Funktion kann dabei auch der Klassenrat haben, bei dem die Schüler bereits ab der ersten Klasse Verantwortung für sich und ihr Handeln übernehmen, Tätigkeiten gemeinsam planen und Beschlüsse fassen.

Im Folgenden finden Sie eine Auswahl an Möglichkeiten für verschiedene Ämter und Vorschläge für die gemeinsame Arbeit im Klassenrat, die sich gut für eine Grundschulklasse eignen. Einige dieser Aufgabenbereiche werden Ihnen natürlich bekannt sein. Andere wiederum können eine schöne Ergänzung für bestehende Handlungsmuster bilden. Aber auch bei den bekannteren Inhalten kann es nützlich sein, sich deren Bedeutung für die Adressaten noch einmal zu vergegenwärtigen. Vielleicht entdecken Sie ja auch hier einige Teilaspekte, die Sie in dieser Form noch nicht kannten, aber gerne in Ihren Unterricht integrieren möchten.

Arbeit im Klassenrat in verschiedenen Ämtern

10.1 Wichtige Ämter im Schulalltag

Das Bekleiden von Ämtern sowie die Wahl zu bestimmten Ämtern übernehmen eine wesentliche Grundfunktion für Schüler in einer funktionierenden Klassengemeinschaft. Das bekannteste Amt ist das des Klassensprechers. Wenn Sie mit einem schülerseitigen Klassenbuch oder einer Klassenchronik der Grundschulzeit arbeiten (siehe Einleitung, Seite 8), ist das Amt des Schriftführers nicht weniger wichtig. Ebenso nützlich ist das Amt des Bibliothekars, wenn Sie eine eigene Klassenbibliothek oder -bücherei haben, aus der die Schüler Bücher ausleihen und mit nach Hause nehmen dürfen.

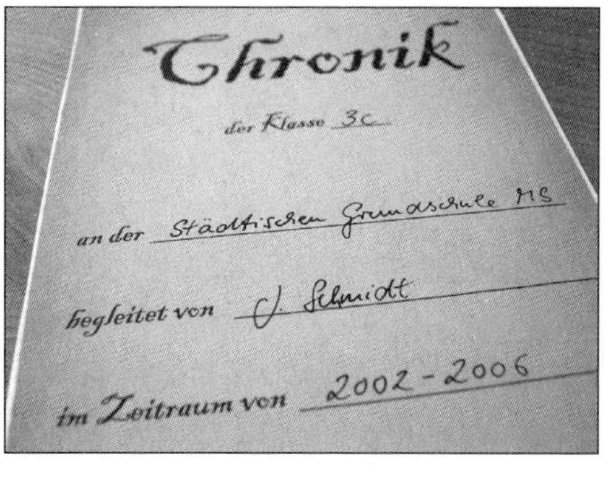

Wenn Sie z. B. eine Namensliste für Dienste oder Fotos der Schüler im Klassenzimmer aufgehängt haben, können hier auch die entsprechenden Ämter ergänzt werden.

10. Ritualisierte Handlungsabläufe – Verantwortung für sich und andere übernehmen

A) Das Amt des Klassensprechers

Das Amt des Klassensprechers gilt unter den Schülern häufig als das prestigeträchtigste Amt einer Schulklasse. Als gewählter Vertreter der Klasse weiß man das Vertrauen der Klassengemeinschaft hinter sich und erlebt das Amt als Folge der eigenen Beliebtheit unter den Mitschülern. Der Wahl zum Klassensprecher sowie der Vertreter wird daher eine große Bedeutung beigemessen. Natürlich kann die Wahl für dieses Amt relativ zügig durch das Sammeln einiger Namen an der Tafel und dem nachfolgenden Abstimmen per Handzeichen kurz und effektiv abgewickelt werden.

Dies wird aber, so argumentieren junge Schüler, der Bedeutung dieses Amtes wenig gerecht. Eine „richtige" Wahl könnte es daher schon sein, so wie man es von den „Erwachsenen" kennt. Denn das Ritual einer Wahl und deren Wichtigkeit ist selbst unseren jüngeren Schülern wohl bewusst.

Die Nominierung möglicher Kandidaten kann per Namensvotum mündlich angegeben werden. Die Wahl selbst wird z. B. mit vorbereiteten Wahlzetteln geheim durchgeführt. Bei der Auszählung der Stimmen dürfen zuvor gewählte Wahlhelfer, die nicht für die Wahl selbst aufgestellt sind, mitwirken.

„Vereidigungsformel" für Klassensprecher

Die Ernennung des Klassensprechers sowie der Vertretung sollte dann auch mit einem kurzen Initiationsritual, z. B. durch ein formelhaftes „Vereidigen", angemessen abgeschlossen werden. Nach der Frage, ob die Wahl angenommen wird, kann mit einer Formel, wie „Ich gelobe feierlich, dass ich mich verantwortungsvoll und gerecht für die Interessen der Klassengemeinschaft einsetzen werde. Ich möchte meinen Mitschülern nach bestem Wissen und Gewissen mit Rat und Tat zur Seite stehen und ihnen ein gutes Vorbild sein", die Wahl bekräftigt werden. Dazu kann dieser Eid von Ihnen vorgesprochen und von dem Kind wiederholt werden.

Alternative: Sie können dem neu gewählten Klassensprecher auch einen Zettel mit der „Vereidigungsformel" zum Ablesen an die Hand geben:

Ich gelobe feierlich, dass ich mich verantwortungsvoll und gerecht für die Interessen der Klassengemeinschaft einsetzen werde. Ich möchte meinen Mitschülern nach bestem Wissen und Gewissen mit Rat und Tat zur Seite stehen und ihnen ein gutes Vorbild sein.

Erfahrungsgemäß wird diese Form der Abwicklung von den Schülern sehr begrüßt.

Ich wähle ____________________ als Klassensprecherin / Klassensprecher.	Ich wähle ____________________ als Klassensprecherin / Klassensprecher.
Ich wähle ____________________ als Klassensprecherin / Klassensprecher.	Ich wähle ____________________ als Klassensprecherin / Klassensprecher.
Ich wähle ____________________ als Klassensprecherin / Klassensprecher.	Ich wähle ____________________ als Klassensprecherin / Klassensprecher.
Ich wähle ____________________ als Klassensprecherin / Klassensprecher.	Ich wähle ____________________ als Klassensprecherin / Klassensprecher.
Ich wähle ____________________ als Klassensprecherin / Klassensprecher.	Ich wähle ____________________ als Klassensprecherin / Klassensprecher.
Ich wähle ____________________ als Klassensprecherin / Klassensprecher.	Ich wähle ____________________ als Klassensprecherin / Klassensprecher.
Ich wähle ____________________ als Klassensprecherin / Klassensprecher.	Ich wähle ____________________ als Klassensprecherin / Klassensprecher.

B) Das Amt des Schriftführers für das schülerseitige Klassenbuch
Wenn Sie als Lehrperson mit einem schülerseitigen Klassenbuch arbeiten, kommt dem Amt des Schriftführers eine besondere Bedeutung zu. Denn die gewählte Person ist verantwortlich für das Sammeln, Abheften, Archivieren und Verwalten dieses wichtigen Manuskripts.

Amt des Schriftführers

Auch dieses Amt wird von den Schülern der Klassengemeinschaft sehr geschätzt, da das schülerseitige Klassenbuch, sofern Sie es einmal Ihren Schülern vorgestellt und anhand eines Vorjahresexemplars veranschaulicht haben, als herausragendes Erinnerungsstück der gemeinsamen Grundschulzeit einen wichtigen Stellenwert für die Kinder hat.

Der Schriftführer gilt folglich als Person des Vertrauens seitens der Lehreperson, da dieses Kind mit der Aufgabe der Verwahrung und Verwaltung dieses ideellen „Schatzes“ betraut wird.

In regelmäßigen Abständen (z. B. einmal im Monat) sollte der Schriftführer über den Fortschritt des Klassenbuches Bericht erstatten und auch daran erinnern, wenn seit längerer Zeit nicht mehr an dem Buch gearbeitet wurde.

Neben dem Verantwortungsbereich des Klassenbuches verliest der Schriftführer auch die Klassenpost und verwaltet diese in einem Postordner. Wenn Sie mit dem System des Klassenrates arbeiten (siehe Seite 153), ist der Schriftführer in den Klassenstufen 3 und 4 auch für das Verfassen der Protokolle und das Führen des Beschlussordners verantwortlich.

Amt des unterstützenden Bibliothekars

C) Das Amt des Bibliothekars
Für die Unterstützung bei der Arbeit mit einer Klassenbücherei /-bibliothek kann in der dritten oder vierten Klasse auch das Amt eines Bibliothekars vergeben werden, um die Lehrperson bei der Verwaltung des Bücherbestandes zu entlasten.

Der Hauptaufgabenbereich des verantwortlichen Kindes liegt im Verwalten der Ausgabe- und Rückgabeprozesse, die bei der Ausleihe von Büchern aus dem Bibliotheksbestand anfallen. Dazu werden von ihm die Ausleihscheine entsprechend ausgefüllt und der Bücherbestand verwaltet. Die Leihscheine sollten so gestaltet werden, dass nur maximal (z. B.) 3 Titel/Bücher gleichzeitig ausgeliehen werden können (siehe Seite 150). Beim Entleihen führt der Bibliothekar eine Liste darüber, wer welche Bücher ausgeliehen hat. Alternativ kann der Leihschein zweifach ausgefüllt und ein Exemplar in den Bibliotheksunterlagen verwahrt werden. Erst wenn die entliehenen Titel zurückgegeben wurden, werden neue Bücher ausgehändigt. Beim Ausleihen hinterlegt der jeweilige Schüler den „Bibliotheksausweis“ beim Bibliothekar (siehe Seite 151). Ohne Ausweis dürfen keine Bücher ausgeliehen werden. So wird erreicht, dass niemand mehrere Leihscheine gleichzeitig ausfüllt.

10. Ritualisierte Handlungsabläufe – Verantwortung für sich und andere übernehmen

Bei einer Klassenbibliothek größeren Umfangs kann auch über den Einsatz von mehreren Bibliothekaren nachgedacht werden. Außerdem empfiehlt sich für die Praxis, bestimmte Ausleihzeiten zu vereinbaren.
Darüber hinaus führt der Bibliothekar mit Unterstützung der Lehrperson eine Bestandsliste über die vorhandenen Bücher sowie die Neuzugänge, die aus Spenden, Geschenken oder in besonderen Fällen aus Einkäufen aus der Klassenkasse bestehen können.

LEIHSCHEIN

für die Klassenbibliothek der Klasse _____

Name: ____

Titel des Buches:	Ausgeliehen:	Zurückgegeben:

LEIHSCHEIN

für die Klassenbibliothek der Klasse _____

Name: ____

Titel des Buches:	Ausgeliehen:	Zurückgegeben:

Jochen Schmidt: Rituale für den Schulalltag – das Komplettpaket

Bibliotheksausweis

Name: ______________________________

Klasse: ______________

Bibliotheksausweis

Name: ______________________________

Klasse: ______________

Bibliotheksausweis

Name: ______________________________

Klasse: ______________

Bibliotheksausweis

Name: ______________________________

Klasse: ______________

Bibliotheksausweis

Name: ______________________________

Klasse: ______________

Bibliotheksausweis

Name: ______________________________

Klasse: ______________

Bibliotheksausweis

Name: ______________________________

Klasse: ______________

Bibliotheksausweis

Name: ______________________________

Klasse: ______________

ÖFFNUNGSZEITEN

unserer Klassenbibliothek

Unsere Klassenbibliothek ist an den folgenden Tagen

____

von ____________________ bis ____________________ geöffnet.

Bitte denkt daran:

1. Es dürfen nicht mehr als _______ Bücher auf einmal ausgeliehen werden.
2. Die Ausleihdauer beträgt höchstens _______ Tage.
3. Behandelt alle Bücher sorgfältig und gewissenhaft; schreibt oder malt nicht in ausgeliehen Bücher!

Bitte denkt für das Ausleihen an euren **Bibliotheksausweis**!
Gerne könnt ihr beim Ausfüllen des Leihscheines behilflich sein.

Viele Freude beim Ausleihen und Lesen!

10.2 Der Klassenrat

Der Klassenrat ist ein schülerseitiges Gremium, das an Grundschulen schon ab der ersten Klasse eingesetzt werden kann. In den ersten beiden Schulstufen wird der Klassenrat ab und an noch auf die Unterstützung durch die Lehrperson angewiesen sein. Spätestens aber ab der dritten Klasse kann der Klassenrat vollständig unabhängig von der Lehrperson tagen, Planungen vornehmen, Verfahrensweisen diskutieren, Regeln aufstellen und Beschlüsse fassen.

Schülerseitiges Gremium – der Klassenrat

Das Ziel des Klassenrates ist es, den Schülern so früh wie möglich Verantwortung für und Kontrolle über klasseninterne Prozesse zu übergeben. Hierdurch werden die Schüler stärker in das aktive Gestalten von Klassen- und Unterrichtsabläufen eingebunden und übernehmen früh Verantwortung für das eigene Handeln. Dabei schulen sie durch den aktiven Kommunikationsprozess mit anderen nicht nur die unterschiedlichsten sozialen Kompetenzen. Auch Fähigkeiten wie das freie Sprechen, Pro- und Kontra-Argumentationen, Gesprächssituationen, das aufmerksame Hin- und Zuhören, das gemeinsam miteinander Diskutieren und Abwägen oder das Formulieren von Regeln und Beschlüssen werden dadurch trainiert. Auch organisatorische Abläufe, wie Abstimmungen, das Wählen von Ämtern, das Bestimmen von Aufgaben und Aufgabenbereichen, das Festlegen von bestimmten Verhaltensregeln (z. B. Klassenregeln, Gebote für bestimmte Unterrichtsphasen und Arbeitszeiten wie Stillarbeit, Einzelarbeit, Freiarbeit etc., das Planen von „Sitzungen" und Gesprächen, das Einhalten von Zeitfenstern und Abgabeterminen sowie das Protokollieren und Dokumentieren der erzielten Ergebnisse, sind wichtige Grundelemente, die in Eigenverantwortlichkeit von den Schülern bei der Arbeit im Klassenrat erlernt und praktisch angewendet werden.

Schulung sozialer sowie kommunikativer Kompetenzen und organisatorischer Fähigkeiten

Auch der zwischenmenschliche Bereich soll in den Sitzungen des Klassenrates seinen Raum haben. Probleme im Schulalltag, Schwierigkeiten mit Mitschülern oder mit Lehrpersonen sollen im Klassenrat angesprochen werden können. Dies ist zuweilen ein nicht ganz einfaches Unterfangen, da wir in vielen dieser Bereiche sehr vorsichtig und behutsam vorgehen müssen. Sicherlich sollen die Schüler mit ihren Schwierigkeiten und Problemen ein offenes Ausspracheforum im Klassenrat finden und sie sollen wissen, dass dies auch der Ort ist, an dem sie sich vertrauensvoll an Mitschüler oder die betreuende Lehrperson wenden können. Abwägen, welche Themen besprochen werden sollen und können, das können nur Sie entsprechend der konkreten Fälle, die an Sie herangetragen werden. Eine wichtige Hilfsfunktion kann hier die Bitte um eine Liste der Tagesordnungspunkte sein, anhand derer Sie im Vorfeld bereits in Erfahrung bringen können, was in der nächsten Sitzung des Klassenrates besprochen werden soll. Ggf. können Sie dann frühzeitig genug korrigierend (d. h. steuernd und helfend) eingreifen. Gerade aber weil die Eigenverantwortlichkeit sowie der authentische Anwendungsgrad und Handlungsspielraum einen bedeutenden Teil der Arbeit mit dem Klassenrat ausmacht, muss hier vorsichtig vorgegangen und sorgfältig abgewogen werden. Zu viel Kontrolle macht ein produktives Arbeiten im Klassenrat zunichte.

Mäßige Kontrolle des Klassenrats

10. Ritualisierte Handlungsabläufe – Verantwortung für sich und andere übernehmen

Zunehmende Eigenverantwortlichkeit seitens der Schüler im Klassenrat

Um dem Klassenrat einen gewissen Handlungsspielraum zu verschaffen, sollte der Versammlung im Klassenrat eine fest zugewiesene Zeit (in den Klassen 1–2 reichen 20–30 Minuten pro Woche) zur Verfügung stehen. Während dieser Zeit ist die Lehrperson natürlich anwesend, aber, sobald die Schüler im Sitzkreis zusammengekommen sind, sind sie selbst für das weitere Prozedere verantwortlich. Gerade bei den ersten Sitzungen, wenn der Klassenrat eingeführt wird, kann die Lehrperson natürlich noch unterstützen. Sie soll sich aber im Lauf der Zeit mehr und mehr aus dem Verfahren zurückziehen. Wenn gewünscht, kann die Lehrperson z. B. zu Beginn die Moderation übernehmen. Im Lauf der Zeit wird auch dieser Part von Schülern übernommen.

Besprochen werden können vom Klassenrat z. B. folgende Inhalte:

1. Klassenregeln, gemeinsame Verhaltensregeln (besonders wichtig sind zu Beginn Verhaltensregeln während des Klassenrates), Ge- oder Verbote während bestimmter Arbeitsphasen
2. Dienste und Ämter, Aufgaben, Verantwortungsbereiche
3. Vorschläge für bestimmte Aktivitäten, Verfahren oder Abläufe im Klassenalltag
4. Wünsche, neue Ideen und kreative Einfälle
5. Lob und Kritik von Verhaltensweisen, bestimmten Arbeiten oder Projekten
6. Besprechen von Problemen und Konflikten z. B. in der Klassengemeinschaft (Damit keine privaten Konflikte oder Themen auf dem Klassenrat ausgetragen werden, gilt, dass mindestens 3 bis 4 Schüler in Konfliktsituationen oder an Schwierigkeiten und Problemen beteiligt sein müssen; andernfalls empfiehlt sich eher ein Gespräch im kleineren Kreis mit der Lehrperson.)

Um diese Aufgaben bewältigen zu können, stehen dem Klassenrat einige Ämter zur Seite, die die Abläufe und Verfahrensweisen unterstützen. Die Ämter können auf der ersten Sitzung von der Lehrperson vorgestellt werden. Daran kann sich dann die Wahl anschließen.

TIPP
Kleine Moderationskarten, auf der Sie die wichtigsten Aufgaben festhalten, helfen den Schülern in der Anfangszeit.

Klassenvorstand

1. Der Klassenvorstand
Wenn die Klasse bereits einen Klassensprecher gewählt und ernannt hat, ist diese Person auch der 1. Vorsitzende des Klassenvorstands. Beigeordnet werden sollte dieser Person mindestens ein, besser zwei, Vertreter. Diese bilden dann das vorsitzende Gremium des Klassenrates. Ihre Aufgabe ist es, Entscheidungen des Klassenrates an die entsprechenden Adressaten, z. B. die Lehrperson, weiterzuleiten sowie über die Beschlüsse zu informieren. Der Vorstand fungiert als wichtiges Bindeglied zwischen

Schülern und Lehrern bzw. Schule allgemein, aber auch Eltern und möglicherweise Dritten. Der Vorstand kann im Vorfeld der nächsten Sitzung des Klassenvorstandes eine Liste der Tagungsordnungspunkte anfertigen und somit die Vorbereitung auf und Durchführung der nächsten Klassenratssitzung erleichtern.

2. Der Diskussionsleiter

Diskussionsleiter

Wie der Name schon sagt, ist es Aufgabe dieser Person auf eine korrekte Abwicklung der Gesprächsbeiträge zu achten. Als Unterstützung für Gesprächsabläufe kann eine Redeliste (Notieren der Reihenfolge der Wortmeldungen, Handzeichen etc.) geführt werden. Die Diskussionsleitung bestimmt dann die Redeabfolge. Mit Unterstützung durch den Zeitwächter wird auf ausgeglichene Redezeiten geachtet. Die Diskussionsleitung achtet darauf, dass „sauber“ argumentiert wird, dass die Gesprächsregeln eingehalten werden, dass niemand unterbrochen oder ausgelacht wird sowie darauf, dass jedes Kind, das sich am Gespräch beteiligen möchte, die Möglichkeit zur Meinungsäußerung erhält.
Der Diskussionsleiter kann für ein Halbjahr gewählt werden. Es besteht aber auch die Möglichkeit, dass diese Aufgabe in jeder Sitzung neu verteilt wird.

3. Der Schriftführer

Schriftführer

Wenn Sie mit diesem Amt im Klassenrat arbeiten, versteht es sich von selbst, dass in den ersten beiden Schuljahren die Protokollierung der Sitzungen vornehmlich durch die Lehrperson erfolgen muss. Ab der dritten Klasse können auch die Schüler einfache Protokolle anfertigen bzw. die wichtigsten Ergebnisse und Beschlüsse festhalten. Archiviert werden diese Unterlagen im Beschlussordner des Klassenrates. Protokolle werden zu Beginn eines jeden Treffens kurz verlesen. Meist ist dies in wenigen Minuten erledigt. Häufig bieten die Protokolle wichtige Anknüpfungspunkte an vorherige Sitzungen und helfen so dabei, sich an Vorausgegangenes zu erinnern. Dem Protokoll kommt also eine wichtige Erinnerungs- und Mittlerfunktion zu. Wenn Sie als Lehrperson Protokoll führen, sollten Sie sich relativ früh darauf einlassen, die wichtigsten Punkte durch die Schüler zusammenfassen zu lassen und diese so zu verschriftlichen, wie von den Schülern vorgeschlagen. Die Funktion der Lehrperson ist also wirklich ausschließlich die des Protokollführers. Eine Steuerungsfunktion durch diese Tätigkeit sollte nicht stattfinden. Das Verlesen des Protokolls sollte wiederum durch die Schüler selbst erfolgen, z. B. durch die Vorstandsvertretung.

4. Der Zeitwächter

Zeitwächter

Der Zeitwächter, ein Kind, das bereits die Uhr lesen kann, ist dafür verantwortlich, dass bestimmte Zeitfenster während der Sitzungen des Klassenrates eingehalten werden. Werden bestimmte Gesprächslängen für Diskussionen oder Diskussionspartner festgelegt, achtet es hier auf die Einhaltung derselben. Der Zeitwächter kann in Zusammenarbeit mit dem Diskussionsleiter darauf achten, dass bestimmte Gespräche nicht ausufern.

5. Die Abstimmungsleiter

Die Abstimmungsleiter sind verantwortlich für die Durchführungen von Abstimmungen oder Meinungsbildern. Sie entlasten in ihrer Tätigkeit die Diskussionsleitung. Ist im Vorhinein anhand der Tagesordnung absehbar, dass Abstimmungen erforderlich sind, wird durch die Abstimmungsleitung das Abstimmprozedere vorbereitet, d. h. es werden ggf. Abstimmungszettel bereitgestellt. Je nach Umfang der Aufgaben kann die Abstimmungsleitung auch nach einer Diskussion noch einmal eine Pro-und-Kontra-Liste an der Tafel anfertigen und so hinsichtlich eines Meinungsbildes oder einer bevorstehenden Abstimmung unterstützen. Je nach Sachlage kann offen, per Handzeichen oder geheim, z. B. per Stimmzettel, abgestimmt werden.

Wichtig für das Funktionieren des Klassenrats ist, dass wir als Lehrpersonen in der Lage sind, uns soweit zurückzunehmen, dass unsere Schüler tatsächlich eigenverantwortlich – in dem Handlungsraum, den wir ihnen zuweisen – agieren können.
Warum diese Einschränkung auf einen bestimmten Handlungsraum festgelegt wird, erklärt sich aus den Bereichen, die der Klassenrat nicht behandeln sollte. Der Klassenrat verhängt keine Sanktionen z. B. bei Zuwiderhandlung gegen Regeln. Dies obliegt allein der Lehrperson. Der Klassenrat übernimmt ebenso wenig die Funktion von Notengebung. Auch hier ist ausschließlich die Lehrperson verantwortlich. Der Klassenrat urteilt nicht über Verhaltensweisen einzelner Schüler (vgl. Hinweis oben). Dadurch soll der „Mobbing"-Gefahr vorgebeugt werden.

Weitere Informationen zur Arbeit mit dem Klassenrat:
- *http://blk-demokratie.de/materialien/demokratiebausteine/programmthemen/klassenrat/erste-schritte.html*
- *http://www.derklassenrat.de/*

Textquellen:

Bartl, A. (2008). *Fünf-Minuten-Spiele: Für zwischendurch in Grundschulklassen.* Berlin: Cornelsen Scriptor.

Hirling, H. (2006). *Das große Buch der 1000 Spiele: Für Freizeiten, Kinder- und Jugendarbeit.* Freiburg: Herder.

Horn, R./ Mölders, R. und Schröder, D. (1999). *KlassenHits: 143 Lieder rund um die Schule. Liederbuch für die Klassen 1 bis 4.* Dortmund: VBE.

Küntzel, B. (1998). *Songs für die Grundschule. Das Liederbuch für die Klassen 1 bis 6.* Braunschweig: Schroedel.

Maierhofen, L. (2005). *Sim Sala Sing.* Esslingen: Helbling.

Neumann, F. (2005). *Duett – Liederbuch: 173 tolle Lieder für die Grundschule.* Hamburg: Klett.

Petillon, H. (2007). *1000 Spiele für die Grundschule: Von Adlerauge bis Zauberbaum.* Weinheim: Beltz.

Internetseiten:

- http://blk-demokratie.de/materialien/demokratiebausteine/programmthemen/klassenrat/erste-schritte.html
- www.derklassenrat.de/
- www.gruppenspiele-hits.de/
- www.labbe.de
- www.oberlin-kindergarten.de

Bildquellen:

alle Fotos: © Jochen Schmidt, Münster

Lieder:

Seite 69: *Es tanzt ein Bi-Ba-Butzemann,* Text und Musik: traditionell, aus: www.labbe.de

Seite 70: *Grün, grün, grün, sind alle meine Kleider,* Text und Musik: traditionell, aus: www.labbe.de

Seite 71: *Drei Chinesen mit dem Kontrabass,* Text und Musik: traditionell, aus: www.labbe.de

Seite 72: *Die Vogelhochzeit,* Text und Musik: traditionell, aus: www.oberlin-kindergarten.de

Seite 72: *Spannenlanger Hansel,* Text und Musik: traditionell, aus: www.oberlin-kindergarten.de

Seite 73: *Good moring, hi and hello,* Text und Musik: © Jochen Schmidt, Münster

Seite 74: *The pirate song,* Text und Musik: © Jochen Schmidt, Münster

Seite 75: *Let's get up and let's get moving,* Text und Musik: © Jochen Schmidt, Münster

Grafikverzeichnis:

Julia Flasche:

Covergrafik, Seite 9: *Smileys,* Seite 12–14: diverse Motive für *Aktionskarten,* Seite 15/16: diverse Motive für *Materialkarten,* Seite 18–21: diverse Motive für *Sozialformen,* Seite 22–25: diverse Motive für *Aktionsformen,* Seite 27–29: diverse Motive für *Unterrichtsphasen,* Seite 31: *Bärchen mit Uhr,* Seite 36: *Wetterbarometer – Bastelvorlage,* Seite 39: *Einzelarbeit,* Seite 43/CD: diverse Motive für *Gruppenkarten,* Seite 44: diverse Motive für *Gruppenkarten-Hamburger,* Seite 45: diverse Motive für *Gruppenkarten-Obstsalat,* Seite 46: diverse Motive für *Gruppenkarten-Pizza,* Seite 47: diverse Motive für *Gruppenarbeit-Tischkarten,* Seite 49: *Psst!-Bärchen,* Seite 50: *Good Morning-Bärchen,* Seite 51/52/53/CD: *Smileys Mädchen/Junge,* Seite 54: *Junge mit Stift,* Seite 55/CD: *Motto – Der Klügere gibt nach.* ,

Seite 56: *Schild – Sprechen verboten! / Bärchen mit Montagsschild,* Seite 57: diverse *Bärchen mit Wochenschildern,* Seite 61: *Hut,* Seite 63: *Stuhlsitzkreis,* Seite 67: diverse Zeichnung für *Stille Post – Malen auf dem Rücken,* Seite 70: *Bäcker,* Seite 71: *Mädchen und Junge – Drei Chinesen mit dem Kontrabass,* Seite 77: *Fliege,* Seite 79: *Katze,* Seite 83/CD: *Junge mit Stift,* Seite 85: diverse Motive für *Monatsbilder (klein),* Seite 90/CD: *Männchen vor Wahlurne / Wahlurne,* Seite 91: *Wahlurne,* Seite 94: diverse Motive für *Infoblatt: Das gemeinsame Klassenfrühstück,* Seite 95: *Entspannungsphase,* Seite 99: *Lesezeit,* Seite 100: *Danke für die gute Mitarbeit.,* Seite 101: *Goodbye-Bärchen / tierische Verabschiedung,* Seite 103–104: diverse Motive für *Verabschiedungskarten mit tierischen Grüßen,* Seite 106: *persönliche Wunschkarte,* Seite 108: *Zeitmaschine,* Seite 110: diverse *Bärchen mit Wochenschildern,* Seite 111: *Motiv für Wochenendelfchen / Rahmen,* Seite 114: *Das Wochenbarometer,* Seite 115: *Sonne + Wolke mit Regen und Blitz für Das Wochenbarometer,* Seite 117/CD: *Lehrer,* Seite 119/CD: diverse Motive für *Klassenregeln,* Seite 120–125: diverse Motive für *Klassenregeln (Schaukarten),* Seite 128: *Krone,* Seite 129/130/CD: *Klassenkönigin & Klassenkönig (Vorlage),* Seite 131/CD: *Klassenkönigin & Klassenkönig (Tischaufsteller),* Seite 134: *Topfblume / Bärchen in Geschenkverpackung,* Seite 136: *Stern,* Seite 137: *Smiley,* Seite 139: *Urkunde als Sonderauszeichnung,* Seite 141: *„WOW!"-Karte,* Seite 143: *Motiv „Teamgeist",* Seite 144/CD: *„Ihr seid SPITZE!" / „Danke für eure tolle Mitarbeit!",* Seite 150: *Bärchen mit Buch,* Seite 151/152: *Bärchen mit Buch*

Andere:

Alexandra Hanneforth: Seite 64: *Ping Pong – Bälle,* Seite 151/152: *Bücherstapel,* Seite 152: *Klassenbibliothek*

Andreas Hennecke: Seite 70: *Feuerwehrmann*

Barbara Gerth-Mohr: Seite 72: *Birnenbaum,* Seite 111/CD: *Rahmen*

Barbara Hasenbein: Seite 67: *Auto*

Daniela Bühnen: Seite 32: *Uhr – Kopier- und Bastelvorlage*

Elisabeth Lottermoser: Seite 82: *Rahmen*

Ingrit Hecht: Seite 69: *Baum,* Seite 79: *Robbe / Fischernetz*

Jennifer Spry: Seite 61: *Schenkelklopfer*

Marion El-Khalafawi: Seite 69: *Haus,* Seite 72: *Tauben*

Rebecca Meyer: Seite 74: *Pirat,* Seite 77: *Frosch*

Sandra von Kunhardt: Seite 78: *Rabe*

Thomas Binder: Seite 87: *Denk-Wolke*

Konkrete Tipps für Ihren Schulalltag!

Bergedorfer® Grundsteine Schulalltag
Nina Hensel, Simone Hensel

Klassenrat in der Grundschule

Ein praktischer Leitfaden mit Kopiervorlagen

Eine gute Gesprächsführung entwickeln, Wege zur Konfliktlösung anbieten und früh mit der Demokratieerziehung beginnen – dies alles sind Lehrplananforderungen an den Unterricht in der Grundschule. Dieser Leitfaden zeigt, wie ein Klassenrat in der Grundschule sinnvoll etabliert werden kann und hilft zugleich, den neuen Anforderungen gerecht zu werden. Das Buch bietet jeweils eine Unterrichtseinheit zur Einführung des Klassenrats in der 1. und 2. Klasse sowie in der 3. und 4. Klasse mit Verlaufsskizzen und Kopiervorlagen. Ergänzt wird das Angebot durch Elternbriefe und Protokollbögen.

So arbeiten Sie von der ersten bis zur vierten Klasse erfolgreich mit dem Klassenrat!

Heft, 60 Seiten, DIN A4
1. bis 4. Klasse
Best.-Nr. 3204

Charlotte Laetsch-Bregenzer

Elternbriefing

Eine praxisorientierte Handreichung für Klassenlehrer/-innen der Grundschule

Wenn Lehrrkräfte und Eltern an einem Strang ziehen, ist das eine wichtige Voraussetzung für die bestmögliche Entwicklung eines Kindes. Dieses Buch liefert allen Lehrkräften entscheidende Hinweise und Anregungen für die Zusammenarbeit mit den Eltern und stellt eine Vielzahl von Kopiervorlagen bereit, die Sie den Eltern zum Nachlesen mit nach Hause geben können. So sind z. B. ein Beobachtungsplan für Eltern oder Tipps zum Zeitmanagement enthalten. Den Band ergänzen Hinweise, welche Belohnungssysteme Eltern anwenden und welche Beratungsstellen sie für weitere Hilfen aufsuchen können.

Von der Hilfe bei den Hausaufgaben bis zum Schulfrühstück – so können Sie sich von Eltern optimal unterstützen lassen!

Buch, 40 Seiten, DIN A4
1. bis 4. Klasse
Best.-Nr. 3391

Bergedorfer® Grundsteine Schulalltag
Britta Klopsch

Selbstevaluation an der Grundschule

Ein konkreter Leitfaden

Schulen sind mittlerweile in jedem Bundesland dazu verpflichtet, eine Selbstevaluation durchzuführen. Ergebnisse einer solchen internen Evaluation werden künftig in regelmäßigen Abständen durch Inspektoren überprüft. Insbesondere Schulen, die sich mit diesem Thema noch nicht beschäftigt haben, stehen unter großem Druck und sind daher auf der Suche nach praxiserprobten Materialien mit konkreten Handlungsschritten. Hier setzt dieser Titel aus der bewährten Reihe „Grundsteine Schulalltag" an. Neben theoretischen Grundlagen mit begrifflichen Klärungen, zeitlichen Vorgaben und Angaben zu den Rahmenrichtlinien bietet Ihnen das Buch im Hauptteil Übersichtsblätter, Checklisten, Briefvorlagen sowie direkt einsetzbare Fragebögen mit Interviewfragen zu folgenden Themen: Elternarbeit, Außerschulische Angebote, Kooperation im Kollegium, Schulregeln. Alle Vorlagen finden Sie als bearbeitbare Datei auf der beigefügten CD, sodass Sie diese auf die individuellen Gegebenheiten an Ihrer Schule anpassen können.

Für jeden Schulbesuch bestens gerüstet: endlich ein konkreter Fahrplan zur Durchführung der Selbstevaluation!

Buch, ca. 88 Seiten, DIN A4, inkl. CD
1. bis 4. Klasse
Best.-Nr. 23228

Unser Bestellservice:

Das komplette Verlagsprogramm finden Sie in unserem Online-Shop unter

www.persen.de

Bei Fragen hilft Ihnen unser Kundenservice gerne weiter.

Deutschland: ✆ 040/32 50 83-040 · Schweiz: ✆ 052/366 53 54 · Österreich: ✆ 0 72 30/2 00 11